A
Libertação
Sexual

Dados Internacionais de Catalogação na Publicação (CIP)
(Câmara Brasileira do Livro, SP, Brasil)

Gikovate, Flávio, 1943-
A libertação sexual : rompendo o elo entre o sexo, o poder e a agressividade / Flávio Gikovate. – São Paulo : Summus, 2001.

ISBN 85-7255-029-1

1. Agressividade (Psicologia) 2. Homem-mulher – Relacionamento 3. Sexo I. Título. II. Título: Rompendo o elo entre o sexo, o poder e a agressividade.

00-5235   CDD-152.47

Índices para catálogo sistemático:

1. Agressividade e sexo : Psicologia   152.47
2. Sexo e agressividade : Psicologia   152.47

Compre em lugar de fotocopiar.
Cada real que você dá por um livro recompensa seus autores
e os convida a produzir mais sobre o tema;
incentiva seus editores a traduzir, encomendar e publicar
outras obras sobre o assunto;
e paga aos livreiros por estocar e levar até você livros
para sua informação e seu entretenimento.
Cada real que você dá pela fotocópia não autorizada de um livro
financia um crime
e ajuda a matar a produção intelectual.

Flávio Gikovate

A Libertação Sexual

Rompendo o elo entre o sexo,
o poder e a agressividade

MG EDITORES

Copyright © 2001 by Flávio Gikovate
Direitos adquiridos por Summus Editorial.

Revisão de original: **Janice Yunes**
Editoração eletrônica: **Acqua Estúdio Gráfico**

MG Editores
Rua Itapicuru, 613 cj. 72
05006-000 São Paulo SP
Fone (11) 3872-3322
Fax (11) 3872-7476
e-mail: agora@editoraagora.com.br

Atendimento ao consumidor:
Summus Editorial
Fone (11) 3865-9890

Vendas por atacado:
Fone (11) 3873-8638
Fax (11) 3873-7085
vendas@summus.com.br

Impresso no Brasil

SUMÁRIO

Apresentação 9

1. Retomando o tema da sexualidade 31
2. A aliança do sexo com a agressividade 41
3. Desdobramentos psicológicos decorrentes da associação entre sexo e agressividade 55
4. Desdobramentos sociais decorrentes da associação entre sexo e agressividade 67
5. As bases biológicas determinantes da associação entre o sexo e a agressividade 83
6. Uma "história" das relações entre os sexos ... 103
7. Como a associação entre sexo e agressividade se transfere de uma geração para outra 117
8. Como a associação entre sexo e agressividade interfere no fenômeno amoroso 137
9. Vaidade e agressividade 153
10. Como desvincular o sexo da agressividade? .. 169

Sobre o autor 185

APRESENTAÇÃO

Minha maneira de pensar estabeleceu-se, por razões que desconheço, de uma forma que tem me levado a privilegiar os fatos acima das idéias e, a partir deles, tentar elaborar conceitos gerais. Desde muito moço, meus amigos, quando me encontravam, brincavam comigo e perguntavam qual era a minha "nova teoria". Sempre encantou-me construir "teorias", só que elas precisavam se basear em fatos. Quando aprendia alguma coisa nova, observando ou lendo, imediatamente me dedicava a construir uma "teoria" que pudesse englobá-la. As décadas que tenho vivido têm sido muito propícias para o exercício desse meu estilo de pensar, já que desde o fim da Segunda Grande Guerra até os dias que correm – escrevo em meados de 2000 – temos assistido a extraordinárias mudanças tanto nas características do nosso hábitat como nos seus desdobramentos humanos. Nesses quase sessenta anos, presenciamos a chegada da televisão, dos discos de 33 rotações e depois daqueles a *laser*, do videocassete e depois do DVD, dos computadores enormes e também daqueles minúsculos, da telefonia móvel, entre tantos outros bens. Além disso – e talvez o mais importante –, presenciamos um movimento na direção da ampliação do número de pessoas que têm se beneficiado do avanço tecnológico que, até então, privilegiava muito poucos. Carros, viagens aéreas, casas povoadas por aparelhos elétricos e eletrônicos etc. têm se tornado acessíveis a um crescente número de pessoas.

Há décadas percebi que mudamos o meio que nos cerca de uma forma um tanto ingênua, ou seja, sem nos darmos conta das conseqüências que essas mudanças irão provocar em nossa subjetividade e nos relacionamentos que estabelecemos. De certa forma, sofremos a influência de novas idéias e concepções. Somos sensíveis às mudanças objetivas e às subjetivas. Nem todas as idéias, porém, têm forçosamente nos influenciado. Não creio que isso dependa de sua sofisticação. Acho que só aquelas que conseguem se disseminar e motivar um grande número de pessoas é que interferem sobre o modo de agir e de pensar das gerações que se seguem. Somos pressionados a mudanças porque temos de nos adaptar tanto ao novo meio externo por nós mesmos criado como pelas novas concepções e processos mentais por nós gerados. Temos, inclusive, de nos adaptar aos desdobramentos de ordem moral que derivam de ambos os processos que nos impulsionam na direção das mudanças.

Viver a contemporaneidade é estar mais atento aos fatos do que às concepções que nos formaram. Aliás, aprendi que não foram as reflexões profundas dos grandes pensadores da nossa história que efetivamente modificaram nosso modo de pensar e agir. Sofremos, como comunidade, a influência das versões simplificadas e simplistas que daí derivaram. Poucos leram o que Freud efetivamente escreveu e pouquíssimos entenderam exatamente o significado da sexualidade no contexto dos seus pensamentos. Por outro lado, todos nós sabemos que "Freud explica" muitas das nossas dificuldades nessa área e o quanto é importante uma vida sexual sadia e rica. Freud "autorizou" as pessoas a pensar de uma forma mais livre e menos preconceituosa acerca do sexo e de sua importância como prazer essencial. Com isso, introduziu a questão do prazer como algo legítimo de ser buscado. Na verdade, suas reflexões foram muito além disso e suas teorias psicológicas, algumas das quais tenho divergido sempre muito respeitosamente, representam um marco na história do pensamento humano.

Não creio que ele tenha sido uma exceção. Fenômeno semelhante aconteceu com outras figuras que influenciaram nossa história e das quais conhecemos, quando muito, algumas frases soltas. Marx e Cristo são bons exemplos do que estou tentando descrever. A influência de Cristo ao longo dos últimos dois mil anos da nossa história é brutal! Um sem-número de Bíblias foram vendidas. E quantas foram lidas? Entre os que as leram, quantos realmente entenderam o "espírito da coisa"? E entre eles, quantas doutrinas diferentes foram extraídas? Independentemente disso, todos sabemos que ao sermos ofendidos deveríamos oferecer "a outra face". Sabemos algo a respeito da importância da solidariedade e do amor por tudo o que nos cerca e também que devemos tentar ser criaturas boas para que sejamos agraciados com o reino dos céus. Sobre Marx temos conhecimento apenas de que existe a "mais-valia" – ou seja, que homens exploram outros homens e que isso não é justo – e de que de suas idéias derivou uma ação política de pretensão igualitária, a qual redundou em práticas muito distantes das pretendidas pelos que honestamente as abraçaram. O pensamento de Marx é complexo e sofisticado, mas sua influência se deu em função do que grandes segmentos da população chegaram a apreender de suas idéias. Sofremos a influência de idéias, sim, mas daquelas que conseguem se generalizar – e da forma que elas o fazem.

Em virtude do gosto antigo de "construir teorias" a partir de novos fatos, é claro que minha vida tem se constituído na produção de um enorme número de hipóteses que tentam explicar estes novos fatos que têm surgido a cada dia. Não posso deixar de tentar, vez por outra, antever os desdobramentos futuros do que estamos presenciando. Sou da geração que ficou adulta nos anos 60 e que sofreu a influência das ideologias socialistas e social-democratas que reinaram ao longo das décadas anteriores entre um grande número de pessoas de boa vontade. Assim, tendíamos a ser otimistas quanto ao futuro e às possibilidades de uma vida decente para a grande maioria da população do planeta. O avanço tecnológico era rápido e seus desdobramentos pareciam todos direcionados para uma vida melhor. Nos anos 50 surgiram os primeiros indícios de uma enorme revolução de costumes na área das relações íntimas. Com o *rock and roll* surgiu um ritmo claramente erótico que levava também os homens a movimentar os quadris. O ritmo era radicalmente novo e obrigava que homens e mulheres se desgrudassem e dançassem separados; apesar de próximos uns dos outros, os passos eram individuais.

Tenho me tornado cada vez mais atento e dado cada vez mais importância aos movimentos de massa, especialmente àqueles que envolvem os jovens que, como regra, são os primeiros a aderir a tudo o que é moderno. O novo ritmo surgido nos anos 50 fascinou de tal forma aquela juventude que lotava os cinemas e as salas de espetáculo, em que cantores e grupos se apresentavam, que a negligência dos que observavam os acontecimentos da época só pode mesmo ser atribuída ao fato de que nossas mentes estavam despreparadas para acompanhar mudanças rápidas. Aos olhos de hoje, era óbvio que o surgimento de um ritmo frenético, que pedia uma coreografia individual que determinava o fim da época em que os casais dançavam juntos e sob o comando do homem, era indicativo de que estávamos presenciando a chegada de algo novo e importante. Estávamos diante da radicalização do ritmo e do modo de dançar e de se vestir que tinha feito uma primeira aparição nos anos 20 e que agora vinha com força redobrada. Eram os primeiros indícios do individualismo que estava prestes a crescer muito graças a inúmeros fatos: surgimento de entretenimentos individuais, sobretudo a televisão e sua multiplicidade de opções; maior independência econômica das mulheres que, a partir dos anos da guerra, passaram a ocupar um crescente segmento do espaço público; diminuição do número de filhos nas famílias mais esclarecidas e influência crescente da psicologia psicanalítica que, em algumas vertentes, era claramente libertária.

Os anos 60 só fizeram radicalizar o que já vinha acontecendo: com a descoberta da pílula anticoncepcional, parecia que era chegada a hora da total emancipação sexual das mulheres, até então limitadas pelo risco de gestações indesejadas. O tabu da virgindade rapidamente sucumbiu à nova ordem, ao contrário do que previram alguns psicólogos, segundo os quais nossos valores eram profundamente arraigados e que, portanto, resistiríamos mais às mudanças. Rapazes e moças educados em tempos conservadores empenhavam-se em ter comportamentos adequados à nova era. Muitos serviram-se das drogas para conseguir a liberdade que, no íntimo, não possuíam. A maconha e o álcool prestaram-se muito a esse fim, e não foram poucos os que se tornaram dependentes deles. A grande massa dos jovens esclarecidos de então queria se adequar às novas possibilidades eróticas e à onda de liberdade que parecia vir junto. Casais dispuseram-se a fazer sexo em grupo. Surgiram as idéias do casamento aberto, no qual cada um ficava livre para ter vivências sexuais com outros parceiros. O ciúme passou a ser visto como um sentimento "conservador" e antiquado que deveria ser combatido com veemência; as pessoas passaram a ter vergonha de senti-lo[1].

---

1. Ao contrário do que se deu com o tabu da virgindade, o ciúme mostrou-se mais resistente às mudanças. Isto nos ensina que aquelas normas forjadas essencialmente no plano da cultura, como é o caso das que dizem respeito à virgindade, são extremamente mais

Tudo parecia indicar que o sexo não mais ficaria submetido às regras do casamento e nem estaria sujeito a nenhum outro tipo de limitação. O lema era: "É proibido proibir". Pudemos conjeturar – à época com a impressão de estar de posse de um razoável realismo – que quando homens e mulheres, sendo amigos, achassem graça física um no outro nada os impediria de terem intimidade sexual sem compromisso, nem envolvimento emocional importante e livre das pressões na direção da continuidade dos contatos eróticos. Pudemos pensar, ainda, que um tipo de intimidade assim fácil entre os sexos iria desestimular muito a tendência consumista, a qual também estava crescendo, e que a busca desenfreada de destaques social e financeiro se tornaria pouco atraente. Pudemos pensar isso – principalmente nós, homens – porque sempre soubemos que uma das importantes molas que nos propulsionava na direção do sucesso era o desejo de sermos bem recebidos quando da abordagem das mulheres. No caso de esse acesso tornar-se fácil e independente da nossa condição material, tenderíamos a viver de uma forma mais pacata, mais voltada para a natureza, para as artes e para o amor. Não faríamos mais a guerra – como nossos ancestrais. Faríamos o amor!

Por caminhos dessa natureza, nossos ideais de liberdade sexual – que encarnavam a liberdade de cada indivíduo – aliavam-se aos processos sociopolíticos que pregavam a justiça social, a atenuação das desigualda-

---

fáceis de ser removidas do que os comportamentos lastreados em processos psíquicos que envolvem nossos impulsos instintivos, nossa natureza biológica.

des que derivavam da competição desenfreada entre os homens e o fim da ganância material, que não levava a nada. A partir do final dos anos 60, homens e mulheres tornaram-se mais parecidos: passaram a usar cabelos longos, roupas rendadas, sandálias etc. Elas cortavam os cabelos do modo como queriam, usavam saias longas, calças rasgadas e desbotadas. O consumismo parecia ameaçado justamente no momento em que se iniciava uma época em que viriam surgir bens de consumo cada vez mais atraentes. Hoje podemos conjeturar que aquele momento talvez tenha se caracterizado, embora de forma totalmente inconsciente, por uma reação contra o que ainda estava por vir – e que hoje nos encanta e nos sufoca ao mesmo tempo.

Parecia que os homens teriam acesso mais fácil às mulheres. É claro que a ingenuidade não era total e que sabíamos que haveria algum tipo de restrição à abordagem masculina. Jamais supusemos que todas elas estariam disponíveis para todos os homens a qualquer tempo. Assim, certa dose de frustração sexual continuaria a existir, o que estava de acordo com a hipótese de Freud: de que não poderia existir nenhum tipo de civilização sem que houvesse alguma repressão de desejos eróticos. Porém, a impressão era a de que as mulheres tenderiam a usar cada vez menos os seus poderes sensuais. Aliás, nem sequer sabíamos que elas eram assim tão poderosas. Pensávamos que tivessem sido reprimidas por força de impedimentos milenares, que temiam a abordagem erótica e que só se sentiam menos intimidadas quando vivenciavam relacionamentos amorosos mais estáveis. Não que isso não seja verdade, mas hoje percebemos melhor que a questão é mais complexa e envolve outras variáveis.

Pudemos pensar que homens e mulheres seriam mais amigos e que teriam mais interesses em comum. Afinal, ambos os sexos estavam freqüentando as mesmas escolas, universidades e tinham interesses profissionais similares. Uma vida erótica mais livre e descompromissada parecia tão interessante para as mulheres como o era para os homens. Os sonhos tradicionais ligados ao casamento e à procriação pareciam estar em baixa. Todos trabalharíamos, seríamos independentes, viveríamos sozinhos ou em comunidade; alguns se casariam e teriam filhos, mas isso jamais implicaria restrições à liberdade sexual e à liberdade de ir-e-vir de cada um. Estavam previstos, pois, o fim da guerra entre os sexos, do machismo, que oprimia e impunha às mulheres uma vida mais medíocre e desinteressante, e o fim do capitalismo consumista e competitivo, que seria substituído por uma vida social na qual as divergências de aptidões não seriam mais responsáveis por grandes diferenças de condição material.

Não sei exatamente como me sinto ao escrever essas linhas. De certa forma, lamento a minha ingenuidade por ter pensado assim e também subestimado óbvios sinais, já presentes à época, de que a evolução não seria essa. Por outro lado, não posso deixar de imaginar que aquilo que sonhamos fazia sentido e teria gerado uma qualidade de vida bem melhor do que a que temos vivido. Além do mais, não consigo deixar de sentir, no fundo do meu ser, que talvez agora, depois de tudo o que aconteceu e que aprendemos ao longo desses trinta anos, estejam surgindo as condições objetivas propícias para que possamos voltar a pensar, com mais realismo, sobre os mesmos ideais. Não vou aceitar com facilidade que o único caminho que temos para seguir seja o da rivalidade e hostilidade entre as pessoas, da guerra entre os sexos, das diferenças radicais que atiçam a inveja e a violência entre irmãos, parentes, vizinhos, compatriotas e entre os povos. Não vou me conformar com o fato de, em nome de bens de consumo geradores de prazeres duvidosos, estarmos modificando, para além do razoável, as condições objetivas do planeta.

A versão pessoal do que aconteceu nesses últimos trinta anos e, especialmente, do que pude compreender acerca da nossa sexualidade corresponde ao conteúdo dos primeiros capítulos do livro que vocês irão ler. Meu objetivo maior é tentar, à luz do que aprendi, rever os ideais libertários da década de 60 e ver o que dá para salvar, o que é possível retomar. O que seria a emancipação sexual possível para a nossa espécie? Que ordem social pode construir um ser humano menos frustrado e mais consciente de si mesmo? Será que dos novos fatos e do saber que temos tido acesso graças a eles – apesar das dores e dos desgostos que temos passado – poderemos extrair perspectivas interessantes para o que virá? É possível ser otimista sem ser utópico, alguém que se encanta por belas idéias que jamais se concretizarão?

Minhas esperanças de que seremos capazes de nos aproximar dos anseios construídos na década de 60 baseiam-se em alguns fatos, sendo um deles o seguinte: em meio a tantos desencontros e mal-entendidos, pudemos observar um evento que considero efetivamente comprometido com a liberdade sexual proposta nos anos 60. Trata-se do "ficar", criação dos adolescentes ao longo dos anos 80 e que implica certa intimidade física que prescinde de conhecimento prévio e de qualquer tipo de continuidade. Rapazes e moças de doze a quinze anos encontram-se em festas ou clubes de dança, apresentam-se, conversam poucos minutos e se deleitam com beijos, abraços e alguma outra troca de carícias. Tudo é feito diante de outros pares que, como regra, também acabaram de se constituir. Eles sentem-se livres. Todos se deleitam com a estimulação erótica, ao mesmo tempo que fiscalizam e se sentem fiscalizados, condição ótima para que não se sintam ameaçados de perda do controle sobre sensações ainda pouco conhecidas. Por causa da falta de qualquer tipo de compromisso, as trocas eróticas assemelham-se às brincadeiras sexuais infantis, nas quais ninguém se sente comprometido porque "brincou de médico" com determinada criança; o fato de se ter brincado hoje com um parceiro não subtrai a espontaneidade para que amanhã se brinque com um outro. Estamos falando de intimidade sexual, que não implica nada mais do que o prazer imediato relacionado à troca de carícias. Ela não dá direitos, nem determina obrigações e tampouco qualquer tipo de envolvimento amoroso. Este, se acontecer, será casual e posterior às trocas sexuais.

Fenômenos similares aos do "ficar" ocorreram – e ainda hoje ocorrem – na maior parte dos grupos sociais, quando os adultos participavam de determinadas festas populares organizadas com a finalidade de aliviar parte da tensão que deriva do fato de as práticas eróticas estarem sujeitas a fortes regras repressivas. Entre nós, o Carnaval sempre desempenhou essa função. Por quatro dias, as pessoas sentem-se muito mais livres para o exercício de todo tipo de erotismo que represam ao longo do ano: homens vestem-se como mulheres, mulheres exibem-se de uma forma muito mais extravagante do que o usual, homens e mulheres que não se conhecem trocam agrados físicos nos bailes e nas festas de rua. Os pré-adolescentes de hoje vivem clima semelhante a este ao longo de todo o ano.

Não podemos subestimar o quanto vivências como a do "ficar" irão determinar alterações no modo de se comportar das gerações que vêm se formando nesse contexto. É fato que as moças, a partir de certo momento, se desinteressam das trocas eróticas sem qualquer tipo de compromisso. Percebem que as diferenças sexuais as favorecem e tratam de utilizar a vantagem que têm. É o início do fim das trocas livres, e aparentemente esse é um dos pontos que inviabilizaria qualquer projeto de libertação sexual, uma vez que ele implica, obrigatoriamente, o desarmamento, a renúncia a qualquer tipo de poder de um gênero sobre o outro. Seria, talvez, o início do processo que poderia culminar com a desvinculação entre o sexo e a agressividade. Esse texto foi escrito com o intuito de contribuir para que isso venha a acontecer o mais rápido possível, já que estou convencido de que a ruptura do elo que une nossa sexualidade aos processos agressivos e aos de dominação corresponde ao passo essencial para que possamos retomar nossos anseios libertários.

Estamos, atualmente, tomando ciência de outro fato muito importante: trata-se da alteração na postura de um grupo crescente de rapazes que se tornaram adultos num clima gerado pelo "ficar". Parece que eles se percebem menos escravos do desejo visual e não compelidos a ir atrás das moças da forma grosseira e voraz própria dos moços de antigamente. Sentem o desejo, mas não a obrigação de exercê-lo. Esta mudança na postura sexual costuma vir acompanhada de outras relacionadas com uma atitude menos ambiciosa e menos produtiva em relação aos estudos e ao futuro profissional. É como se estes moços tivessem compreendido que muito do esforço dos homens só tem acontecido a fim de melhorar o acesso deles às mulheres mais atraentes. Eles renunciam a qualquer empenho de ir atrás delas e se sentem desobrigados de sacrifícios insanos visando ao sucesso profissional.

É evidente que muitos pais preocupam-se ao observar seus filhos assim indiferentes e um tanto apáticos. Temem pela virilidade deles e também por sua inteligência e competência para os estudos. Tenho conhecido vários moços e tido uma ótima impressão deles: são educados, delicados, inteligentes e não padecem de nenhum tipo de problema sexual. Apenas não querem repetir o estereótipo da masculinidade. Não sabem muito bem o que estão fazendo; apenas não estão dispostos para sair "à caça" das meninas e nem têm vontade de se esfalfar em qualquer tipo de atividade com o intuito de impressioná-las. Trata-se de uma alteração cujo potencial revolucionário é inestimável. Sim, porque se os homens pararem de ir atrás das mulheres e deixarem de se dedicar desesperadamente ao sucesso de todo tipo, estaremos diante de um novo mundo.

Às moças não restará outra alternativa senão a de saírem do pedestal no qual se encontram desde que se sentiram livres para exercer o exibicionismo físico que tanto as beneficia. Muitas já perceberam que o mundo do futuro não será uma cópia daquilo que presenciaram na casa dos seus pais e que, diferentemente das gerações passadas, em que as mulheres que trabalhavam o faziam para comprar "seus alfinetes", terão de pensar seriamente no fato de que não existirão homens que ganharão para isso, e nem que estarão dispostos a sustentá-las. O que temos assistido é uma dedicação e um empenho crescentes das moças na sua formação profissional. Estão cada vez mais conscientes de que terão de ser totalmente independentes do ponto de vista financeiro. Ou seja, nem direta e nem indiretamente sua beleza, charme e sensualidade irão valer qualquer quantia em dinheiro[2].

À medida que as mulheres das gerações vindouras tornarem-se capazes de se sustentar, tenderão a valorizar menos os homens materialmente bem-sucedidos. Isto porque não irá acontecer a tradicional transferência de dinheiro do bolso deles para o delas. O sucesso

---

2. Se o meu raciocínio for verdadeiro, é chegada a hora de as prostitutas, pela primeira vez, se preocuparem com o futuro do seu "negócio". Diga-se de passagem que o setor não sofreu nenhum tipo de prejuízo ao longo dos últimos trinta anos por uma razão muito simples: não houve nenhuma verdadeira revolução sexual, de modo que os homens, continuando a se sentir inferiorizados, tiveram de manter a postura de neutralizar com dinheiro a diferença que lhes era desfavorável.

material interessará menos aos homens também, já que sempre usaram o excedente de dinheiro para ter acesso às mulheres e, numa segunda fase, impressionar e provocar a inveja dos outros homens. É possível que o sonho tradicional, estereotipado e ainda presente na mente de quase todas as moças – qual seja, o de se casar e ter filhos –, sofra alterações e também a concorrência de outros projetos de vida. O fato de elas serem independentes materialmente poderá implicar que nem todas vejam com tão bons olhos o matrimônio e nem mesmo a reprodução. Poderão passar a ter sonhos próprios e a pensar com autonomia sobre o tipo de estrada que gostarão de percorrer.

Se os homens não sentirem que seu desejo visual funciona como uma ordem que os impulsiona na direção das mulheres, e se estas não cogitarem mais que as alianças sólidas entre os sexos impliquem maiores responsabilidades materiais para os homens – ou algum tipo de benefício de ordem prática para elas –, penso que estaremos diante de uma condição absolutamente nova e de desdobramentos muito interessantes! Estes dois aspectos já têm dado sinais de estarem presentes na mente de muitos jovens, cujos comportamentos já parecem estar influenciados por essas perspectivas de futuro.

Muitos dos importantes sinais de avanço não se manifestam de forma clara: aparecem apenas como modismos sobre os quais as pessoas costumam refletir pouco. É o caso, por exemplo, do aumento da importância que homens e mulheres têm atribuído à sua aparência física – parece que estamos nos tornando ainda mais superficiais e tolos. Vejamos se podemos dar a esse fato uma outra interpretação. Talvez seja um importante indício de que as mulheres estão jogando suas últimas cartadas na direção de voltarem a despertar o desejo visual masculino de uma forma tão intensa que traga de volta o velho padrão de comportamento masculino: o assédio que tanto gratifica a vaidade feminina e que lhes devolve a superioridade que gozavam no que se refere a esse aspecto do relacionamento. A superexposição de figuras sexualmente atraentes acaba por determinar certa banalização e diminuição do desejo visual masculino – como acontece, por exemplo, nos campos de nudismo. Assim, o resultado previsto é reforçar a conduta de muitos jovens, qual seja, a de aprender a se conter diante do desejo e deixar de se sentir inferiorizados por força da diferença biológica, que é irreversível, mas o sentimento de inferioridade que dela deriva é uma forma de ponderarmos sobre o assunto.

Por outro lado, o aumento da importância atribuída por muitas mulheres à beleza física masculina pode muito bem estar relacionada com a diminuição da importância atribuída à posição financeira deles, condição cada vez mais rara e menos buscada pelos homens. O interesse pelos bem-sucedidos profissional e materialmente tende a diminuir naquelas mulheres que, de fato, desejam ser independentes. Não existe desejo sexual desencadeado pela visão na fisiologia feminina, como se dá entre os homens. Assim sendo, a admiração da beleza masculina corresponde ao fato de que a isso está sendo atribuído um valor culturalmente determinado e que está substituindo o que antes era atribuído ao dinheiro. O avanço é grande, porque deixa o dinheiro fora das relações entre os sexos. É menor do que o desejado, uma vez que continua privilegiando um segmento pequeno da população: aqueles que nasceram fisicamente bem-dotados. O valor continua a ser atribuído a algo raro, digno de admiração e conveniente de se estar ao lado por razões da vaidade. Uma mulher que antes poderia se sentir prestigiada por estar ao lado de um homem poderoso agora se sentirá o máximo por aparecer com um homem lindo.

Não é impossível que a admiração e o fascínio das pessoas se modifiquem em direções mais democráticas. Por exemplo, que se passe a valorizar mais a alegria de viver e o senso de humor, as virtudes de caráter, o saber, a força de vontade e disciplina, o fato de a pessoa ser carinhosa, ousada e realmente extravagante no modo de ser e de viver etc. Tais propriedades podem existir em um número muito grande de pessoas, e a presença em uma não impede sua existência em outras – como é o caso do dinheiro. Há indícios de que caminhamos nessa direção. Não devemos tratar com negligência, por exemplo, o fato de os novos-ricos norte-americanos não quererem exercer sua condição social da forma tradicional, qual seja: a de exibir explicitamente seus milhões. Preferem ser vistos como pessoas que prosperaram graças aos seus méritos, ser admirados mais por outras propriedades do que pelo dinheiro que têm – e que não fazem muita questão de exibir – e se destacar por sua competência profissional e não pelo sucesso material que conseguiram. Isso abre perspectivas muito interessantes, uma vez que competência e determinação profissionais podem constituir parte do modo de ser de muito mais pessoas. De todo o modo, a busca do destaque social por intermédio do dinheiro está em baixa. E isto é uma excelente notícia!

Sem ingenuidade e generalizações, podemos muito bem pensar que os próximos anos serão de consolidação dessas mudanças, com algumas diferenças. A principal delas será, segundo acredito, a diminuição da importância que hoje se atribui à aparência física, tanto das mulheres como dos homens. Aos poucos, as pessoas irão perceber que a competência para o exibicionismo não implica maior disponibilidade e habilidade para as trocas de carícias eróticas – ao contrário, parece que aquelas mulheres que gostam muito de se exibir preferem ficar só nisso. Além do mais, à medida que os homens não responderem de uma forma tão positiva, retomando a atitude tradicional de assediar as mais belas e atraentes, o sacrifício que tantas delas têm feito para se manter sempre jovens e belíssimas terá sido em vão, o que conduzirá à extinção de uma conduta assim penosa. O excessivo exibicionismo feminino foi um tiro no pé nas pretensões de muitas mulheres de serem cada vez mais destacadas e famosas por esta via; irá libertar os homens da obsessão desencadeada pelo desejo visual, sendo esse desdobramento o produto inesperado que decorre de eles estarem superexpostos a tantos corpos lindos seminus.

Os homens nunca se preocuparam muito com a aparência física por saberem que se tratava de um valor menor aos olhos das mulheres – exceção feita aos anos da adolescência, nos quais a beleza deles sempre teve certa importância. Mais recentemente, têm se dedicado mais aos exercícios físicos regulares por força dos apelos da medicina preventiva atual. Passaram a se cuidar um pouco mais com o objetivo de preservar a boa saúde; assim, saiu totalmente de moda a "barriguinha da prosperidade", sinal de poder até há poucas décadas. Alguns passaram a manifestar uma preocupação obsessiva e intensa com sua aparência física, o que está em sintonia com o interesse crescente das mulheres por homens magros e bem cuidados. O tempo irá nos dizer o quanto desses modismos serão incorporados aos nossos futuros valores. Uma das grandes questões dos próximos anos consiste, segundo acredito, em sermos capazes de definir uma escala de valores mais sábia e mais democrática que irá substituir a tradicional escala que atribui poder às mulheres mais belas e aos homens mais famosos e ricos.

Se acontecer a hipótese mais otimista, pela qual batalho, assistiremos à transferência de avaliação para temas relacionados com o que as pessoas são e não com o que elas têm ou aparentam. Não será difícil que descubram que o verdadeiro erotismo tem compromissos mesmo é com a ousadia e a liberdade de ser, existir, pensar e até mesmo se vestir do modo que melhor lhe aprouver[3]. Ser livre é ser ousado, e só pessoas ousadas poderão ter práticas sexuais mais exuberantes e descontraídas.

---

3. Refiro-me ao vestuário porque voltamos a passar por uma fase em que a padronização predomina, indício de que estamos longe de qualquer condição relacionada com liberdade. As pessoas se vestem de forma extravagante, usam argolas em lugares pitorescos, fazem tatuagem e raspam pêlos de forma antes incomum. Mas todas elas fazem as mesmas coisas!

Nesse contexto positivo, aparência física, consumismo material e sucesso a qualquer preço estarão em baixa e outras propriedades humanas ganharão vigor. Nada disso é impossível e nem sequer improvável, dadas as condições extremas em que vivemos. É um momento tão fascinante e original que me parece difícil fazer previsões para além desse ponto. Trata-se de uma dramática inflexão no curso da nossa história, determinada por circunstâncias próprias da nossa evolução tecnológica, sendo mínima, nesse caso, a interferência de qualquer tipo de ideologia. Aliás, muitas das melhores conseqüências desses tempos curiosos serão efeitos colaterais dos exageros que estamos cometendo. Uma fotografia do que está acontecendo no exato momento não nos permite a visão otimista que estou transmitindo porque estamos no auge dos abusos.

A sexualidade tem compromissos com nossa individualidade e se torna ainda mais viva num período como o atual, em que o individualismo cresce. Hoje podemos entender melhor o que significa a entrega sexual. Não é entregar-se ao parceiro, nem mesmo no caso em que existe o envolvimento amoroso, mas sim aos prazeres derivados da própria excitação sexual; é conseguir, ainda que por uns minutos, perder o controle de si mesmo e se soltar para "curtir" as ondas de erotismo que passeiam dentro de nós. É provável que a coragem para essa entrega dependa, ao menos nas primeiras experiências, da presença de um parceiro confiável, de alguém amado. Talvez derive daí a idéia de que a entrega sexual se faz por amor e ao amado. Os prazeres do sexo não estarão a serviço de nada, nem da dominação, conquista ou humilhação do parceiro, nem de outro tipo de poder ou privilégio e tampouco a serviço do orgasmo e da saciedade. Eles existirão por si mesmos. A meta é o prazer e nada mais. Isto significa que todas as pessoas irão ter intimidades físicas o tempo todo e com qualquer parceiro? É claro que não. A intimidade física é um dos prazeres da vida e não exclui outros prazeres e interesses que todos temos. É mais provável que ela irá acontecer entre pessoas amigas, que tenham interesses e gostos em comum. Será similar ao "ficar" dos adolescentes, só que a escolha dos parceiros será tanto mais sofisticada quanto mais diferenciadas forem as pessoas envolvidas. Existirão relacionamentos casuais e fortuitos como o dos jovens, existirão aqueles que tenderão a se repetir ainda que sem compromissos sentimentais. E continuará a existir a vida sexual no contexto das relações amorosas, mas estas também estão em processo de modificação e adaptação às condições do novo mundo que está nascendo. Estou convencido de que em breve assistiremos à multiplicação dos relacionamentos amorosos respeitosos, hoje ainda raros. Presenciaremos o aumento rápido do número de pessoas para quem o sexo deixará de ser vetor para agressões diretas e sutis. Estamos nos aproximando do momento em que o sexo será vivido como simples e importante fonte de prazer. Esse será o momento em que teremos conseguido realizar uma das tarefas mais difíceis que nos foi colocada: nossa verdadeira emancipação sexual.

1
RETOMANDO O TEMA DA SEXUALIDADE

Parece que saciamos nossa curiosidade com muito pouco. A impressão que tenho é de que a maioria das pessoas está plenamente satisfeita com o que sabe com referência à questão sexual. Fizemos, é verdade, alguns progressos no que diz respeito à prática, às trocas de carícias. Aprendemos alguma coisa sobre o que acontece na intimidade dos casais e tratamos de adequar nossas vidas ao que pudemos saber. Perdemos algumas inibições e nos empenhamos em aproximar nossos comportamentos daqueles que pudemos conhecer por intermédio da literatura e, principalmente, dos filmes eróticos e pornográficos. Eles têm sido os nossos verdadeiros "mestres"!

Nos consultórios médicos e nos dos psicoterapeutas, o tema tem se tornado muito menos freqüente. Poucas são as pessoas que ainda se queixam de dificuldades relacionadas com suas vidas eróticas. É como se o assunto tivesse saído de moda. As questões relevantes no momento tratam dos complexos de inferioridade relativos à aparência física, às dificuldades sentimentais e de socialização em geral, além daquelas relacionadas com a vida profissional e a boa situação financeira, tida cada vez mais como fundamental para o nosso bem-estar mental. Não existe, ao menos superficialmente, nenhuma sensação, na maior parte das pessoas, de que tais temas tenham qualquer tipo de correlação com a questão sexual.

Os sexólogos, profissionais da sexualidade, tão em moda nos anos de 70 e 80, desapareceram quase que totalmente do mercado e foram substituídos por aqueles que dão "dicas" de como ter sucesso no trabalho, como se livrar do estresse, relaxar e aprender a meditar rapidamente. Foram substituídos também por cirurgiões plásticos que, entre outras práticas, modificam os seios das mulheres que se acham pouco atraentes e rejuvenescem os homens que não querem perder espaço no mercado de trabalho – cada vez mais voltado para o profissional jovem. Além disso, foram superados por vários tipos de medicações prescritas pelos médicos clínicos, ginecologistas e endocrinologistas, entre outros; assim, é bem mais simples prescrevermos antidepressivos para aquelas pessoas que estão desmotivadas e desinteressadas dos prazeres da vida – ainda que estes medicamentos tenham, por vezes, efeitos colaterais nocivos ao pleno exercício da função erótica. Médicos e pacientes dispõem de medicamentos estimulantes da função sexual masculina, problemática sempre vivenciada como mais aflitiva do que as dificuldades femininas, já que é mais explícita e envolve o orgulho ainda muito forte relacionado com a virilidade.

Vivemos uma época em que o importante é encontrarmos soluções rápidas, simples e baratas para todos os males. A maior parte das pessoas quer mesmo é ler um desses livros que trazem receitas práticas, singelas e "milagrosas" de como vencer na vida, como enlouquecer o parceiro sexual, como ser feliz etc. Quando superarmos essa fase um tanto simplista e imediatista, o que forçosamente acontecerá – já que ela não deixará nenhum tipo de resultado positivo e duradouro –, as pessoas voltarão a refletir de um modo profundo e sério a respeito de nossas questões fundamentais.

Sinto enorme satisfação ao retomar o tema dos meus primeiros trabalhos. Gostaria de afirmar, antes de mais nada, que a sexualidade está longe de ser um assunto resolvido. Pensamos que estamos indo bem em nossas vidas sexuais apenas porque temos vivido segundo modismos até mesmo na forma como refletimos sobre os nossos assuntos íntimos – não seguimos apenas a moda nas roupas que usamos, nos passeios que gostamos de fazer, nos alimentos que comemos. Pretendo demonstrar que os supostos progressos que temos feito em nossas práticas sexuais não vieram acompanhados de uma efetiva evolução no modo como entendemos a sexualidade como um todo. Talvez por isso continuamos a ser escravos de nossa sexualidade de uma forma muito intensa e obsessiva. E, o que é o fundamental, suas manifestações têm estado, mais do que em qualquer outra época, a serviço do exercício de poder, de manipulação e de dominação de umas pessoas sobre outras.

A partir dos movimentos libertários dos anos de 60, passamos a ter a impressão de que o exercício menos discriminado da função sexual, livre das amarras tradicionais, como o tabu da virgindade e o elogio do recato, iria representar um importante avanço na qualidade de vida e no comportamento moral das pessoas. Elas seriam mais sinceras, viveriam mais de acordo com seus impulsos e abandonariam a hipocrisia até então em vigor. É fato que aquele modelo de hipocrisia foi abandonado, mas é oportuno refletirmos seriamente para nos assegurarmos de que ele não foi substituído por nenhum outro melhor.

Já registrei que éramos muito otimistas a respeito dos desdobramentos do que estávamos presenciando. Pensávamos que as pessoas, a partir de então mais livres para vivenciar seus desejos sexuais, seriam mais amigas umas das outras, mais felizes, menos consumistas e mais capazes de viver segundo um modo de pensar próprio. Achávamos que a libertação sexual traria consigo um aumento da liberdade individual em geral, que estaríamos iniciando uma nova era – em que as pessoas teriam mais coragem de viver de acordo com suas convicções –, que um individualismo sadio iria se instalar; com isso, nos livraríamos de amarras milenares que nos atavam moral e emocionalmente a paradigmas rígidos e repetitivos. Supusemos viver uma era de renovação, na qual as artes iriam florescer e uma nova filosofia de vida nos levaria a atividades onde o interesse pelo todo pudesse ser maior do que aquele dedicado a cada um de nós. Enfim, cada um viveria de acordo com o seu modo de ser e pensar e todos contribuiriam para a realização de projetos de interesse comum. Ingenuamente, imaginávamos estar participando do surgimento de um novo e maravilhoso momento cultural.

E o que é que, de fato, tem acontecido nesses mais de trinta anos que separam 1968 do momento em que escrevo? Temos vivido de uma forma cada vez mais competitiva, buscando o sucesso e o destaque material a qualquer preço. Houve um declínio no senso moral, o que era inevitável nesse contexto vivido como sendo de extrema adversidade, onde se aceita qualquer tipo de procedimento necessário para que as pessoas atinjam seus objetivos concretos. Na fase atual, nada tem sido considerado mais trágico do que estar fora dos padrões de sucesso.

Temos vivido de uma forma cada vez mais homogênea, onde todos tentam se destacar segundo os padrões vigentes – o que não deixa de ser uma contradição, uma vez que o destaque se dá com maior facilidade quando fugimos dos padrões! As pessoas tentam se destacar pela posição econômica, demonstrando ter os melhores e mais caros relógios, carros, jóias e adornos de todo o tipo etc. O destaque se dá por meio do cumprimento rigoroso dos ditames de cada cultura, acontecendo apenas no aspecto quantitativo: será mais destacado aquele que tiver mais o que todo o mundo quer.

O mesmo acontece no que diz respeito à aparência física das pessoas. Temos de estar magros segundo as normas da época atual, ter nossos corpos cultivados por meio de atividades físicas exaustivas e, de longe, mais exigentes do que aquelas recomendadas para uma boa saúde; precisamos ser altos, ter cabelos de determinada forma e assim por diante. Ai daquele que não preencher todos esses quesitos, ou seja, quase todos nós. Nos sentiremos incompetentes, insignificantes, menos valiosos no jogo competitivo que cada vez mais nos assola, inferiorizados diante das pessoas do nosso sexo e perdedores na disputa pelos melhores "exemplares" do sexo oposto.

Vivemos uma época em que os amigos não existem. Somos todos concorrentes. Homens competem entre si por melhor posição profissional – e hoje disputam também quanto ao aspecto físico –, sempre com a intenção de melhorar seu *status* aos olhos do sexo oposto. As mulheres disputam entre si por razões ligadas à aparência física, mas também em torno de suas posses materiais e de sua competência para as atividades profissionais. Querem ser mais belas do que suas rivais, além de gostarem muito de ser mais bem-sucedidas profissionalmente e mais ricas, donas de bens de consumo raros que determinam mais destaque. A inveja grassa nas relações entre as pessoas do mesmo sexo de uma forma dramática e crescente.

As relações entre homens e mulheres nunca estiveram pior. A quantidade de divórcios e separações informais é máximo e o grau de hostilidades que se observa é enorme! O imenso número de violências relacionadas com o sexo não diminuiu, apesar de toda a suposta onda de libertação que temos vivido. A impressão que se tem é a de que as mulheres estão armadas até os dentes para fazer frente ao inimigo masculino; além do tradicional poder sensual, agora dispõem daquele que pertencia a eles: a independência econômica. Os homens reagem e lutam desvairadamente para se tornarem ainda mais poderosos no plano material. Tentam se fazer musculosos e belos para ver se conseguem despertar nas mulheres o desejo visual semelhante àquele que sempre os atormentaram. Homens e mulheres tornam-se tão sedutores quanto conseguem e mais exibicionistas do que nunca. Ocupam-se desses aspectos ligados à aparência física e ao materialismo como em nenhuma outra época da história.

E ainda assim achamos que estamos bem, que o progresso está nos levando a uma dose crescente de felicidade, que a evolução só pode estar acontecendo na direção correta, que os avanços da técnica e da ciência finalmente nos darão condições de viver por tempo indeterminado, com toda a beleza e energia da mocidade! Os jovens são os seres mais importantes, já que são os portadores e usuários naturais das novas tecnologias. Todos aqueles que têm mais idade querem imitá-los e fazem qualquer tipo de sacrifício para ter a aparência de um deles no aspecto físico; muitos dos que não são tão moços têm conseguido se atualizar e se familiarizar com máquinas que, em outros, provocam estranheza e constrangimento.

Vivemos uma epidemia de depressões, mas nos sentimos felizes por termos sido capazes de avançar no entendimento da química cerebral e podermos nos tratar com medicamentos mais eficientes e de menor risco. Melhor seria se não estivéssemos tão deprimidos! Estamos muito ansiosos e poucos de nós conseguem dormir sem algum tipo de medicamento tranqüilizante. Nos vemos forçados a andar a uma velocidade para a qual não fomos treinados, e isso nos faz tensos, assustados, desconfiados e, conseqüentemente, mais propensos a nos comportar sem muita originalidade, respeitando o modo de viver da maioria – mesmo quando não estamos muito de acordo com seus termos. Por vezes, desconfiamos se estamos no caminho certo, mas na maior parte do tempo acreditamos na ciência, no progresso e em tudo o que nos dizem sobre o futuro.

Hoje somos forçados a rever o que pensávamos em relação à emancipação sexual: ou a soltura das amarras que nos reprimiam seria forçosamente responsável pelo agravamento, insuspeitado, das tensões e disputas entre as pessoas em geral e entre os sexos em particular, ou, então, o que temos presenciado não corresponde a uma verdadeira libertação sexual. No primeiro caso, tratar-se-ia de um processo negativo que deveria ter sido interrompido o mais rapidamente possível. No segundo – que é a hipótese que defenderei –, teremos de ir em busca das falhas que nos impediram de estar a caminho de uma efetiva emancipação sexual.

Temos patinado em repetições dramáticas, nas quais nada tem aplacado nossa sensação de revolta e insatisfação – apesar do discurso "oficial" segundo o qual estamos numa era de felicidade. Não temos sido capazes de nos relacionar bem nem com as pessoas do mesmo sexo, nem com as do sexo oposto. Não ganhamos, em relação à questão sexual, aquela naturalidade própria dos assuntos bem resolvidos. Ainda estamos obcecados pelo tema. Talvez não estejamos mais tão obstinados quanto às trocas de carícias, antes tão difíceis de serem exercidas. Porém, a obsessão é máxima quanto aos nossos anseios de destaque e de impactar as pessoas do sexo oposto. A ânsia de múltiplas conquistas e de sucesso crescente parece nunca estar saciada. Isto é sinal de que estamos muito longe de termos resolvido a questão. É urgente a retomada do tema para que possamos lançar alguma luz nova e nos aproximarmos do que seja a verdadeira liberdade sexual.

2
A ALIANÇA DO SEXO COM A AGRESSIVIDADE

Meu primeiro registro sobre o importante elo entre o sexo e a agressividade data de 1988. Atribuí a essa aliança um papel muito importante, especialmente na psicologia masculina. Considerei o machismo como uma das suas manifestações. Incomodados por se sentirem muito atraídos pelas mulheres, os homens fazem de tudo para rebaixá-las e tratá-las como seres inferiores e menos qualificados. São fascinados por elas e precisam diminuí-las justamente por causa disso; sentem, ao mesmo tempo, admiração e inveja; desprezam-nas, mas nas festas populares adoram se fantasiar de mulher.

A hostilidade derivada da inveja que muitas mulheres sentem dos homens já havia sido descrita por Freud. Tratou o assunto da inveja do pênis como um fato universal, muito de acordo com o seu temperamento generalizador e definitivo. Minha experiência profissional não confirma a hipótese psicanalítica de que todas as mulheres sentem inveja do pênis. Ao contrário, há um bom número delas que está satisfeita com sua condição; e mais, este número é maior do que o que encontramos entre os homens. A inveja deriva de um processo racional: nos comparamos, nos julgamos inferiorizados, prejudicados e sentimos raiva daquele que está numa posição privilegiada e que provoca em nós essa sensação de humilhação.

Meu ponto de vista é que os processos racionais quase nunca são próprios de todas as pessoas; cada indivíduo tem uma forma única de ponderar e concluir sobre cada situação objetiva ou subjetiva. É verdade que os homens, em sua maioria, sentem-se sexualmente inferiorizados em relação às mulheres, mas alguns podem concluir sobre esse tema de modo peculiar. Mesmo quando a diferença é detectada de forma a provocar a sensação de inferioridade, nem sempre surgem as reações agressivas próprias da inveja e que caracterizam o comportamento típico do machão grosseiro. Alguns sentir-se-ão muito inibidos diante das mulheres, especialmente das mais belas, e isso é capaz de determinar a inibição do desejo sexual, o que poderá redundar em dificuldades sexuais de todo o tipo, temporárias ou definitivas.

Não quero acelerar o ritmo das minhas reflexões, já que desta vez pretendo tentar extrair todo o conhecimento deste tema que, ao longo de mais de dez anos, apenas esbocei. É como se tivesse ficado tão perplexo com minhas próprias observações que não me senti com força suficiente para dissecar o assunto de forma sistemática. Acho que me encontro em melhores condições para fazê-lo agora. Assim sendo, reafirmo que a análise do machismo foi o meu ponto de partida para a percepção da raiva que a maioria dos homens sente das mulheres. A paquera de rua, um bom exemplo desse padrão de comportamento masculino, é, sempre que possível, mais do que grosseira. Se não estiverem sendo ouvidos, os bandos de rapazes referem-se a uma moça atraente que esteja passando por eles de forma absurdamente violenta tanto nas palavras como nos gestos. Os movimentos e as expressões do rosto, notadamente os da boca, são de desejo e ódio ao mesmo tempo. Não posso repetir o conteúdo das palavras num texto como este – e nem é preciso. Os gestos e as palavras misturam ódio, desejo e vontade de morder, de comer a mulher, o que acaba se transformando em gíria que indica o forte desejo sexual que sentem por elas.

É muito relevante o fato de que toda essa grosseria e violência determinam uma sensação agradável e excitante nas moças que são o objeto de suas manifestações. Elas só se percebem ameaçadas se estiverem numa circunstância em que possam ser objeto da aproximação física que, é claro, não é desejada. Apenas desejam provocar os rapazes; não pretendem ter qualquer tipo de intimidade física com eles. Mas o fato é que se excitam ao despertar-lhes o desejo. Não se incomodam com o componente agressivo que pode ser detectado com facilidade. Ao contrário, parece que a presença desse ingrediente é um indicador de que foram capazes de despertar um desejo bastante intenso. A raiva e a vontade de agir como um animal que ataca sem pedir permissão aparecem como um elogio, desde que, é claro, aconteçam apenas no plano do imaginário.

Afora essas peculiaridades grosseiras da paquera e do modo de tratar e de pensar sobre as mulheres característicos do machismo, outros ingredientes relativos à associação do sexo com a agressividade já haviam chamado a minha atenção. Um deles, talvez o mais impactante e inquestionável, corresponde à existência dos chamados palavrões. Em inúmeras línguas existem termos que se caracterizam pelo uso de palavras eróticas vulgares, cujo objetivo é transmitir uma agressividade vigorosa. Os palavrões correspondem à mais intensa manifestação de agressividade verbal. Nada pode ser dito de mais ofensivo a uma pessoa do que um palavrão. E qual o seu conteúdo? Erótico!

Não é irrelevante o fato de as mais intensas manifestações verbais da agressividade se utilizarem de palavras usadas para descrever situações sexuais. A linguagem não é um aspecto menor em nossa psicologia, uma vez que foi a partir de sua elaboração que nos tornamos capazes de utilizar as potencialidades do cérebro, as quais até o presente momento pudemos mobilizar. Não se trata de fenômeno casual, uma vez que se repete em tantas línguas diferentes e em sucessivas gerações. O inverso também é verdadeiro: muitas são as pessoas, em especial as mulheres, que se excitam ao ser tratadas, durante o ato sexual, com termos depreciativos e palavrões. Homens e mulheres normais se vêem imersos nessas práticas que refletem, de modo claro e inequívoco, o compromisso que a sexualidade de quase todo mundo tem com os fenômenos agressivos.

Apesar disso, gostamos de pensar e dizer que sexo e amor são parte de um mesmo instinto e que estão intimamente ligados. Gostamos de usar a expressão "fazer amor" quando nos referimos ao ato sexual. Contudo, não é o que realmente acontece, e este é um bom exemplo para nos mostrar como é grande nossa resistência para mudarmos o ângulo de observação de fatos quando já nos acostumamos a pensar sobre eles de certa forma. Somos, muito mais do que supomos, portadores de vários pensamentos e conclusões equivocadas. Não temos por hábito pensar sobre essa possibilidade porque ela mobiliza negativamente nossa vaidade e nos provoca insegurança. Usamos como referencial o conjunto de conceitos que compõem nossa razão; colocá-los em dúvida faz tremer o prédio sobre o qual construímos nossa forma de pensar e atuar[1].

A verdade é que precisaríamos colocar em dúvida todas as idéias que recebemos e pensar sobre tudo como questões que estão em aberto. Temos de buscar inspiração nos fatos e não podemos nos intimidar por-

---

1. Nossa vaidade em nada ficará gratificada se tivermos a coragem de perceber que, em muitos aspectos, nos comportamos como papagaios não muito dotados e que apenas repetimos frases e pensamentos que nos foram ensinados. Não nos dedicamos habitualmente a uma reflexão séria e profunda acerca da veracidade de cada um dos nossos pontos de vista; mas somos fascinados por certas expressões que parecem dar credibilidade a alguns conceitos formulados. É o caso, por exemplo, das afirmações que nos chegam com o rótulo de estarem "cientificamente comprovadas". Nos sentimos totalmente paralisados diante de uma afirmação desse tipo e nem ao menos desejamos saber no que consistiu a experimentação e quais foram os verdadeiros fundamentos de tal afirmação. Trata-se de grave engano, já que é muito importante sabermos que tudo o que está "cientificamente comprovado" não terá outro destino senão o de ser desdito em algum momento do futuro. A ciência progride por meio da constatação de que nossas concepções anteriores eram equivocadas ou incompletas.

que determinado conceito foi formulado por algum pensador importante que nos antecedeu e muito menos em decorrência de sua suposta "comprovação científica". É necessário que nos preocupemos cada vez mais em desenvolver uma forma rigorosa e individual de pensar para podermos avaliar melhor as informações que nos chegam. Na época atual, não é impossível que estejamos sendo massacrados por várias idéias falsas e que nos chegam sob os disfarces de que se trata do "novo".

Os compromissos observáveis da nossa sexualidade são mesmo é com a agressividade. Como essa associação está presente na maior parte das pessoas de ambos os sexos, acaba determinando o padrão cultural em que vivemos. Isto significa que aquelas pessoas que não se adaptam a esse modo de ser próprio da maioria estarão sujeitas a algumas dificuldades práticas e emocionais que, ao longo do livro, descreverei mais minuciosamente.

Além do machismo, dos palavrões, do prazer que tantas moças sentem ao provocar reações erótico-agressivas nos homens, as quais só não se transformam em violência sexual graças à existência dos freios internos e externos que também nos caracterizam – e cuja ausência cria condições favoráveis ao estupro –, outros fatos da realidade exemplificam a tese que estou defendendo. O sadomasoquismo corresponde a uma prática sexual onde os elementos agressivos relacionados com o ato de provocar dor ou humilhação no parceiro são importante fonte de prazer erótico. É fato que essas pessoas sentem enorme excitação sexual ao serem humilhadas ou quando lhes é imposta uma forte dor física. Não deixa de ser relevante que as que se deleitam com esse tipo de intimidade sexual não se distinguem da população geral quanto aos outros aspectos de sua subjetividade e nem quanto aos seus outros padrões de comportamento. Ou seja, não são particularmente despojadas de valores éticos, nem criaturas portadoras de desajustes psíquicos específicos e tampouco profissionalmente incompetentes ou mesmo incapazes para os relacionamentos afetivos e de amizade.

A maioria dos masoquistas é do sexo masculino e parece até que são criaturas que aprenderam a extrair prazer da consciência de sua condição de inferioridade sexual. É uma inversão fascinante: parte dos prodígios da nossa razão, que faz com que uma pessoa seja capaz de decodificar de maneira positiva uma situação que outros psiquismos registram como negativa. Os masoquistas, em geral, são mais generosos e portadores de uma agressividade um tanto reprimida nas situações não-sexuais. Exercem certo poder sobre os que se comportam como sádicos; isto porque são eles que determinam o grau de violência a que desejam se submeter. Além disso, existe uma curiosa sensação de domínio embutida no ato de se submeter: o que age como o dominador fica muito dependente daquele que lhe provoca prazer assim intenso. Assim, submeter-se também é dominar!

O sadomasoquismo é prática freqüente entre homossexuais masculinos; e mesmo desconhecendo a freqüência exata, parece-me rara entre homossexuais femininos. O fato merece um registro enfático, apesar de não me sentir em condições de explicá-lo de uma forma consistente. Apenas reafirmo que a associação entre sexo e agressividade parece ser mais intensa e direta entre os homens.

Não creio que se deva subestimar a presença de elementos agressivos associados à sexualidade da maioria das mulheres. Sua manifestação pode ser mais sutil e indireta, de modo que é necessário decodificar determinados comportamentos usuais e aparentemente ingênuos. Penso que é esse o caso da enorme preocupação com a aparência física presente em quase todas elas. Pode parecer que tem relação apenas com a vaidade e a excitação sexual difusa a ela relacionada. Uma análise mais cuidadosa, entretanto, nos mostra aspectos não tão ingênuos. As moças, depois dos 14-15 anos, tornam-se perfeitamente conscientes do impacto que sua presença causa nos rapazes – e também nos homens mais velhos. Estão certas de que eles fariam de tudo para ter acesso ao corpo delas, tocá-las, penetrá-las e ejacular por força do estímulo erótico que elas determinam. E sabem que eles não podem fazer isso sem sua anuência, o que as coloca em uma posição confortável quando não correm riscos de serem "atacadas". Sentem-se muito à vontade para usar certos tipos de roupas e mostrar deliberadamente certas partes de seus corpos com um único propósito: "enlouquecer" os homens.

Insisto em reafirmar que instigar tamanha excitação faz muito bem à vaidade das mulheres, que sabem perfeitamente o que estão fazendo e se deleitam com isso. Só que não agem assim apenas objetivando se excitarem com o desejo que provocam; dá-lhes prazer incitar os homens para terem a sensação de que eles estão em seu poder e de que, desse ponto de vista, os submetem. Há certa satisfação em fazê-los sofrer, como se estivessem se vingando de humilhações a que estiveram submetidas durante os anos da infância, em que a condição dos meninos era, ao menos oficialmente, melhor do que a delas. Trata-se de uma maldade equivalente à de se levar uma criança pobre para olhar uma loja de brinquedos sem direito de tocá-los e muito menos de se apossar deles.

Uma enorme parte das peças publicitárias gira em torno desse tipo de comportamento. Muitos dos produtos de beleza femininos são veiculados em função do aumento de poder sensual que irão determinar em suas consumidoras. As mulheres deleitam-se com a excitação sexual derivada da vaidade, mas também, ao demonstrarem a intenção de consumir determinado produto, encantam-se quando fantasiam situações em que estão subjugando e humilhando os homens com seus poderes agora ainda mais ampliados. Essa parece ser uma fórmula inesgotável e sempre eficiente para estimulá-las a consumir certos tipos de perfume, roupas íntimas, produtos para cabelos etc.

Estou me referindo à mulher comum, àquela que tem limitações impostas por seus valores éticos, que é bonitinha e atraente, mas que não se considera portadora de enorme poder de sedução. O que dizer, então, das mais belas e atraentes do que a média e não-portadoras de um senso moral muito apurado? Transformam-se, com facilidade, naquilo que chamamos de "mulheres fatais"! Convém nos atermos a essa expressão. Seu poder, consagrado em certo tipo de literatura e de filmes, consiste no uso de seus dotes sensuais para induzir os homens a comportamentos, nem sempre muito dignos, que são do interesse delas. Será que isso acontece apenas no cinema?

Creio que as observações iniciais e de caráter geral que fiz até agora são mais do que suficientes para sustentar minha hipótese central: a de que sexo e agressividade compuseram uma aliança sólida e de grande importância para nossa vida íntima e para a ordem social em que temos vivido. Para mim, tal elo foi sendo construído ao longo dos séculos e deriva da forma como temos elaborado algumas das nossas peculiaridades e diferenças sexuais. Não se trata de uma aliança biologicamente determinada. Não creio que se deva pensar que um traço cultural assim forte e estável possa ter se estabelecido sem encontrar um importante facilitador em nossa biologia.

Penso que um entendimento mais pleno e profundo possível da nossa questão poderá lançar uma luz sobre os caminhos a seguir a fim de contribuir para que se desfaça essa aliança tão maligna. É evidente que o sexo corresponde a um instinto autônomo e que pode muito bem existir livre dos ingredientes agressivos. Encontra-se efetivamente associado ao amor em algumas pessoas; mas essa não é, como nos ensinaram, sua aliança mais comum. Raramente existe como um impulso livre, não vinculado a nada, como uma fonte própria de prazer. Temos podido observar manifestações desse tipo entre crianças e nas práticas atuais dos pré-adolescentes. É curioso constatar que a maioria de nós choca-se mais com as manifestações do sexo livre e desvinculado de quaisquer outros compromissos do que com sua associação aos jogos de poder e agressividade.

O sexo corresponde a uma manifestação instintiva relativamente simples que se caracteriza sobretudo pelo surgimento de um estado íntimo de inquietação e desequilíbrio físico sentido como prazeroso. Tal estado, chamado de excitação sexual, pode ser determinado pela estimulação táctil, produzida pela própria pessoa ou por um parceiro, em determinadas partes do corpo chamadas zonas erógenas. A excitação sexual manifesta-se nos homens por meio de estímulos visuais e nas mulheres, ao se perceberem desejadas. Pode ser desencadeada por meio de fantasias e da ativação de processos imaginários tanto nos homens como nas mulheres. A partir do surgimento da excitação acontece uma vontade de que ela se resolva. Nosso organismo passa a ansiar por uma resposta fisiológica que diminua a intensidade desse desequilíbrio homeostático. Mesmo se tratando de um desequilíbrio sentido como agradável, provoca o desejo de volta ao ponto de equilíbrio. Assim, procuramos a resposta ejaculatória ou orgástica como meio de voltarmos a um estado de total ou relativa calmaria.

Portanto, o sexo em sua forma simples, não acoplada ao amor e nem à agressividade, tem compromissos com nossos comportamentos mais elementares, primitivos mesmo. Em suas manifestações mais puras, não estaria sujeito a muitas influências racionais que a ele chegam por meio de suas associações – tanto o amor como a agressividade sofrem grande influência dos processos racionais. Assim, o sexo por si mesmo manifesta-se de uma forma pouco civilizada. Não tem compromissos com o luxo, com a elegância, com manifestações exageradas de higiene, com determinados horários do dia, com gestos e palavras muito sofisticados etc. Seus aliados são os cheiros naturais dos corpos, os gestos simples, a provocação erótica direta, os modos de ser, comer, beber e de vestir mais espontâneos, tudo, enfim, que chamamos de "vulgaridade".

Desse ponto de vista, o sexo, em suas manifestações mais livres, se posiciona de uma forma independente da ordem social, não a respeita e nem encontra suas manifestações de maior intensidade, a não ser se afastando das excessivas regulamentações características das sociedades modernas. Não se deve confundir isso com qualquer tipo de associação com a agressividade ou com jogos de poder. As manifestações simples são chamadas de "vulgares" por estarem despojadas de todo o tipo de violência. A "mulher fatal" usa o seu poder sensual para atingir outros fins que não os sexuais. A "mulher vulgar"[2] utiliza a sua sensualidade não como um poder, mas como um meio de atrair o homem que lhe é sexualmente interessante. É malvista pela sociedade por não fazer uso dos seus poderes para outros fins, o que é percebido e tratado como uma contraven-

---

2. O termo vulgar é usado para exprimir falta de gosto refinado. Caracteriza também aquela pessoa simples, do povo, que não pensa e nem age sempre com segundas intenções. O despojamento de interesses é tido como derivado da falta de inteligência e senso estratégico, tão ao gosto das elites sofisticadas. Resta saber quem usufrui de melhor qualidade de vida.

ção. É objeto de crítica e de atitudes que tentam demonstrar desprezo, especialmente por parte das mulheres que se comportam da forma convencional. Parecem sentir-se muito incomodadas com a existência de quem, ao agir de uma forma assim singela e direta, desmascara suas intenções duvidosas.

A agressividade tem, a meu ver, uma característica essencialmente reativa. Talvez possamos encontrar ações agressivas na busca de alimentos por parte de animais – e mesmo de um ser humano – famintos. Nas condições a que estamos nos referindo, essa situação extrema está excluída, de sorte que as manifestações agressivas estariam mesmo relacionadas com uma resposta natural a alguma agressão, intencional ou não. As não-intencionais seriam aquelas que derivam dos choques que ocorrem espontaneamente entre as pessoas e que têm caráter essencialmente físico. Quando sofremos algum tipo de agressão não-intencional sentimos imediato desejo de reagir. Se não formos capazes de pensar sobre o que acabou de acontecer, responderemos com algum tipo de violência, que poderá gerar nova reação por parte de quem agrediu por casualidade, podendo redundar numa seqüência infindável de gestos agressivos, todos eles reativos a uma agressão prévia anterior.

Por sermos racionais, podemos, inicialmente, ponderar sobre uma eventual agressão não-intencional e evitar uma reação. Ao fazermos isso, interromperemos o processo acima descrito. Contudo, por sermos racionais, poderemos interpretar como agressivas situações que não seriam assim detectadas por outros animais. Podemos nos sentir profundamente agredidos por determinadas palavras, intencionais ou não. Reagimos a elas como se fossem ações físicas. Podemos interpretar como agressivas diferenças que nos sejam desfavoráveis. Elas nos provocam a dolorosa sensação de humilhação e poderemos reagir violentamente contra aqueles que nos provocaram a sensação que chamamos de inveja.

A outra pessoa pode ou não ter tido a intenção de provocar nossa inveja. Não é importante, pois quase sempre reagiremos da mesma maneira. Aliás, muitas vezes uma pessoa exibe prendas de uma forma aparentemente não-intencional, ou seja, sem desejar provocar inveja naqueles com os quais está convivendo. Mas não é improvável que exista um desejo íntimo de natureza agressiva, até mesmo como reação a outras situações nas quais tenha se sentido inferiorizado. Uma pessoa pode se sentir inferiorizada do ponto de vista intelectual e reagir exibindo prendas materiais exatamente para aqueles que sabem o que ela gostaria de saber, e assim por diante[3]. O fato é que a presença de uma razão sofisticada e de uma enorme tendência a nos compararmos uns com os outros pode determinar sensações de inferioridade em quase todos e gerar conflitos intermináveis entre as pessoas. Não é difícil imaginarmos que os fenômenos sexuais, em particular aqueles relacionados com a aparência física, venham a participar ativamente desse tipo de guerra sutil que nossa inteligência – mal utilizada – foi capaz de gerar.

---

3. O Capítulo 9 desse livro, que trata das relações entre a vaidade e a agressividade, contém observações mais extensas e detalhadas a respeito dessa questão de importância fundamental.

3
DESDOBRAMENTOS PSICOLÓGICOS DECORRENTES DA ASSOCIAÇÃO ENTRE SEXO E AGRESSIVIDADE

A aliança entre sexo e agressividade passou a ser parte integrante de nossa cultura. As razões, a meu ver, que influíram no estabelecimento desta associação, bem como o modo pelo qual ela se transfere de uma geração à outra, serão discutidas mais detalhadamente nos Capítulos 5, 6 e 7. Optei por descrever inicialmente os fatos que saltam à nossa vista para depois tentar uma explicação coerente e compatível com as hipóteses que venho defendendo em relação à questão sexual. A verdade é que a grande maioria das pessoas vivencia, conscientemente ou não, o sexo e a agressividade em permanente associação.

Assim, um homem, ao sentir-se fortemente atraído por uma mulher, experimenta simultaneamente outras emoções. Sente-se humilhado por desejá-la tanto e registra o ato deste desejo como uma condição de inferioridade. Sente raiva da mulher que está sendo tão impactuante aos seus olhos e não poder se achegar a ela por depender do seu aval. Revolta-se por ter de se empenhar de modo insistente, visando induzi-la a aceitar sua aproximação. Lançará mão de todos os recursos que tiver à sua disposição e que seus preceitos morais considerarem aceitáveis para convencê-la a se relacionar com ele. Poderá até mesmo mentir, dizer-se apaixonado, incensar a vaidade dela até o ponto de ceder aos seus apelos e aceitá-lo.

Tudo isso é feito em nome do desejo e vem acompanhado de um discurso romântico muito ao sabor dos ouvidos femininos. No íntimo, ele sente cada vez mais raiva e fica muito incomodado por ter de gastar tanta energia para criar as condições de realização do seu desejo. Ao atingir o seu objetivo e ser fisicamente aceito por ela, costuma manter uma intimidade erótica na qual tenta se mostrar o mais competente possível; tenta impactá-la do ponto de vista sexual; não está empenhado em agradá-la por ser generoso e nem por estar preocupado com ela. O que ele quer mesmo é impressioná-la, deixá-la rendida aos seus pés. Busca a reversão do processo inicial. Prometerá telefonar no dia seguinte e não o fará. Ela, por sua vez, sentir-se-á péssima, usada, enganada, tratada como uma "vagabunda" e tentará reverter a situação: vai atrás dele. Essa inversão de papéis causará a ele tanto prazer, que prontamente lhe devolverá todo o tipo de humilhação que sentiu durante o processo de abordagem. Ela, inconformada, insistirá e tentará seduzi-lo novamente. Ele ficará muito feliz pensando que ela se apaixonou e que agora é ele quem a rejeita.

Podemos pensar tudo a respeito desses acontecimentos típicos da paquera, menos que ele seja desprovido de forte ingrediente agressivo, todo ele desencadeado por um indiscutível desejo que aquele homem sentiu por aquela mulher. Ele é o caçador e ela, a presa. Ele quer submetê-la e ela pretende encantá-lo. Ele usa seus dotes intelectuais, sua condição socioeconômica para impressioná-la e ela faz uso de seus dotes físicos, sua esperteza, capacidade de dizer não à situação erótica até o momento em que lhe pareça adequado, no qual o caçador já estaria totalmente seduzido e refém de sua caça. Estamos diante do episódio inicial da guerra entre os sexos.

A mulher, ao se sentir desejada e não raramente importunada por aquele que a deseja, também pode sentir raiva derivada da grosseria e inconveniência do homem. Sim, porque aos olhos dela ele deveria se comportar com mais delicadeza diante do fato de a desejar. Isso não o autoriza, segundo ela, a dizer palavras e fazer gestos obscenos – que, como os palavrões, correspondem sempre a uma mistura de atos eróticos com agressivos. Ao mesmo tempo, se uma mulher não se sentir objeto de desejo dos homens por um tempo mais ou menos longo, tenderá a se deprimir, sentir-se feia, velha etc. O que ela mais quer é despertar o desejo daqueles homens, cujo interesse lhe envaidece; não lhe interessa tanto provocar o desejo daqueles que pertencem a classes sociais inferiores, de homens cuja civilidade não é confiável, uma vez que podem atacá-las à revelia etc. Despertar o interesse de alguns as encanta, ao passo que serem desejadas por outros as irrita e provoca uma reação agressiva própria de quem se sentiu ofendida. Não há saída para esse dilema, uma vez que uma mulher atraente provocará desejo em todos os homens.

A guerra entre os sexos manifesta-se nesses momentos iniciais do jogo de sedução, mas se mantém presente ao longo dos relacionamentos íntimos. Existe uma forte tendência em todos nós no sentido de desqualificarmos o sexo oposto. Os homens adoram falar sobre "assuntos de mulher" como tolices que só podem interessar a criaturas intelectualmente menos dotadas[1]. A inveja que eles sentem delas se expressa dessa maneira, ou seja, por meio de sutis e disfarçadas atitudes depreciativas. A postura das mulheres não é muito diferente. Talvez sejam bem mais sutis e discretas, o que é um sinal de esperteza e mesmo de sabedoria. Alegram-se ao perceber como os homens são infantis, dependentes delas para tantas coisas práticas. Gostam de saber que eles precisam muito de sua companhia, já que são poucos os que ficam bem sozinhos. Divertem-se quando os induzem a pensar que eles são os chefes e os que mandam em tudo sem perceber que estão sendo manipulados por elas o tempo todo, e assim por diante. As mulheres acham os homens tolos, dependentes, fracos e fáceis de serem manobrados. Por outro lado, os homens as julgam burras, inseguras, incapazes para as coisas práticas e subestimam sua competência manipuladora.

---

1. A propósito, muitos foram os livros, escritos por autores consagrados, que objetivaram provar a inferioridade intelectual da mulher – é claro que datam de algumas décadas ou mesmo de séculos atrás. Referências depreciativas em relação a elas foram feitas por vários dos pensadores sofisticados que escreveram no último século; no entanto, elas continuam a ser ouvidas nas conversas de homens, mesmo entre aqueles bem-dotados.

O machismo corresponde ao conjunto de pensamentos e condutas que a maioria dos homens tem em relação às mulheres em geral – e que se tornam específicos e particulares em relação àquelas com as quais convivem intimamente. Ainda hoje, muitos homens são menos exigentes com suas filhas do que com seus filhos por vários motivos. Um deles tem a ver com o fato de que acham que não se pode e nem se deve esperar muito delas. Estão sempre irritados com suas esposas e reclamam demais das diferenças que possam existir entre eles. São mais condescendentes com suas mães porque "mãe é mãe" e delas aprenderam que se deve tolerar tudo.

As mulheres que, ao menos aparentemente, se submeteram durante séculos a tais discriminações, logo que se sentiram mais seguras reagiram com tudo contra essa suposta dominação masculina. O movimento feminista, voltado para a idéia de emancipação das mulheres do jugo dos homens, teve como grande sustentáculo o aumento do número daquelas que se tornaram economicamente independentes graças ao próprio trabalho. A partir daí, sentiram-se mais confiantes, de modo que puderam se rebelar contra qualquer tipo de discriminação, exigindo dos homens tratamento cada vez mais eqüitativo. Ainda temos vivido sob o reinado dessa reviravolta promovida por elas, que, hoje, se sentem mais fortes e são, de certa forma, as ganhadoras da guerra entre os sexos. Os homens estão mais fracos, inseguros, enquanto muitas delas sentem-se cada vez mais competentes para viver sozinhas e ser totalmente independentes. É certo que ainda estamos no meio de um processo, de modo que devemos esperar para qualquer momento novas reações masculinas.

Não é difícil percebermos como as relações entre homens e mulheres tornam-se desnecessariamente violentas em virtude da dramática e antiga associação entre sexo e agressividade. Evidentemente, não existem vencedores e vencidos; todos saímos perdendo. Pode haver um vencedor no curto prazo, como é o caso do paquerador bem-sucedido, que pode se sentir superior às mulheres que consegue seduzir. No entanto, sempre se sentirá depreciado por aquelas que não foi capaz de conquistar. Sem dúvida, jamais estará satisfeito na sua ânsia de novas conquistas, o que poderá determinar um tipo de dependência psicológica – o que é sempre negativo. O mesmo acontecerá com as mulheres mais atraentes e que não conseguiram seduzir o homem que tanto as interessava; não só não ficaram felizes com os que conquistaram, como também se sentiram tristes e frustradas por causa dos seus revezes. Nessa guerra, portanto, todos perdem!

É preciso nos referirmos, ainda, àqueles que não participam da guerra. Neles estão incluídos os que não se consideram portadores das condições mínimas para dela participar e os que não estabeleceram o elo entre sexo e agressividade. No primeiro grupo estão os que se consideram tão pouco atraentes e desinteressantes que nem mesmo ousam se aproximar do sexo oposto. Os sentimentos de inferioridade, presentes também em homens e mulheres mais bem-sucedidos, em virtude dos seus inevitáveis fracassos, é máximo entre estas pessoas que se consideram, por nascença, pouco dotadas para o jogo de sedução erótica[2]. Moças menos atraentes podem se tornar tímidas e se inibir sexualmente em relação aos rapazes, além de desenvolverem – em associação com outras causas relacionadas à sua história de vida – uma enorme inveja e hostilidade contra as mulheres mais atraentes, não sendo impossível que seu interesse sexual acompanhe o sentido da raiva e da inveja. Assim, podem se encaminhar numa direção homossexual, tanto por se perceberem pouco competentes para o universo heterossexual como por força da raiva acumulada contra mulheres muito atraentes e que, por isso mesmo, serão o objeto principal de seus sonhos eróticos.

Rapazes baixos, gordos, que se achem portadores de pênis pequenos, todos aqueles enfim que se encontram fora dos padrões valorizados pela cultura também podem se sentir profundamente inferiorizados e ter forte inibição na presença das mulheres que mais lhes despertarem o desejo; temerão a aproximação por medo de rejeição, por não quererem passar pela vergo-

---

2. Tenho pensado cada vez mais sobre quanto o nosso destino é influenciado pela nossa aparência física, notadamente numa cultura como a que construímos até agora. A importância da beleza parece-me indiscutível e talvez tenha sido o primeiro valor respeitado no seio das estruturas sociais, mesmo as mais primitivas. Refiro-me, de modo especial, à beleza feminina. Nascer portadora dessa faculdade, por exemplo, implicará uma poderosa influência em todas as etapas do desenvolvimento emocional da mulher. As facilidades daí derivadas tendem a determinar forte tendência ao egoísmo, bastante comum entre as mais belas, mal-acostumadas com as facilidades que recebem principalmente depois da puberdade e do início da vida adulta. Assim, crescer muito bela poderá inibir o desenvolvimento de outras forças interiores que, posteriormente, poderão vir a fazer muita falta.

nhosa situação de serem rechaçados. É óbvio que a raiva pelas mulheres pode se tornar ainda maior e que se conseguirem reverter sua posição de inferioridade por meio do sucesso profissional e econômico tenderão a se transformar nos mais radicais e violentos machistas, cuja hostilidade contra elas será máxima.

No segundo caso estão aqueles rapazes e moças que não associaram o sexo à agressividade. É curioso termos de concluir que tais criaturas tendem a se tornar desajustadas num ambiente social onde ser sedutor e paquerador ousado é tido como qualidade. Julgam-se inferiorizadas por não conseguirem o mesmo sucesso com o sexo oposto como acontece facilmente com tantas outras pessoas que elas consideram menos prendadas. Quando são homens, não se sentem com o direito de se comportarem de modo inconveniente e invasivo. Quando mulheres, não acham justo se comportarem de forma muito sedutora e ousada do ponto de vista sexual, uma vez que não gostam de despertar um desejo que não irão saciar. Moços e moças de boa aparência e alma delicada podem se sentir inferiorizados e menos competentes do que aqueles que se comportam de forma agressiva. Isto porque as condutas sedutoras mais grosseiras e ativas são as mais valorizadas pelo grupo social, até porque são as mais bem-sucedidas na prática.

Muitos daqueles que são tímidos e desenvolvem uma postura defensiva em relação às pessoas de ambos os sexos são, em geral, os menos agressivos e, talvez por isso, não associam a agressividade ao sexo. Percebem com certa perplexidade que não se enquadram muito bem naquilo que presenciam, não ficam à vontade em situações invasivas e se consideram criaturas menos competentes e inferiores. Nem sempre gostariam de agir com a grosseria a que assistem e nem de se sentir tão perdedores no jogo erótico que, em determinadas fases da vida, aparece como o que há de mais interessante. Não conseguem se modificar e se transformar em seres mais violentos e atuantes e nem sequer têm certeza de que gostariam de ser assim – o que inviabiliza definitivamente qualquer tentativa de mudança. Ao mesmo tempo, sentem-se tristes e diminuídos por estarem vivendo de uma forma que eles mesmos percebem como menos emocionante e menos excitante.

Não sabem o que fazer e se perdem nas questões do que é certo e errado, bem e mal. Não se decidem a respeito e vivem um dilema moral que é muito próprio da nossa sociedade. Vivemos divididos entre valorizar os comportamentos que nos trazem bons resultados práticos e aqueles que estão mais de acordo com nossas ponderações e reflexões acerca do que seja a forma mais adequada de ser e de viver. Uma pessoa que não sente raiva do sexo oposto e age de uma forma mais gentil e delicada tem melhores condições de se tornar amiga e tratá-lo com consideração e igualdade. Isto, que é visto pela própria pessoa como uma forma boa de ser, vem acompanhado de uma contrapartida negativa. Sim, porque ela terá de perceber que os resultados práticos obtidos pelas criaturas que agem de acordo com o padrão que associa sexo e agressividade são muito melhores. Ela ficará de bem com sua consciência e, ao mesmo tempo, triste por perceber que a vida favorece aqueles que se comportam de forma mais grosseira e sem consideração pelo outro.

O que fazer? Tentar se tornar um deles ou pagar o preço por ser diferente? Como se considerar diferente sem se sentir inferior? Esta última questão é a única que corresponde a um verdadeiro problema, já que estas pessoas não conseguirão aprender a agir como todo mundo – tanto porque sua agressividade é menor como porque não desejam efetivamente a constituição desse elo entre sexo e raiva. Nossa sociedade é muito voltada para a homogeneidade; portanto, é preciso muita força interior para nos diferenciarmos da média sem nos sentirmos inferiorizados. Todas as diferenças são imediatamente hierarquizadas, e esse modo de pensar deveria ser mais intensamente combatido. Pessoas diferentes são apenas diferentes, e não necessariamente superiores e inferiores. O fato é que, superadas as dificuldades iniciais relacionadas com o jogo da sedução, as pessoas menos agressivas tendem a se tornar parceiros mais agradáveis e a estabelecer elos afetivos mais estáveis e de qualidade melhor.

Os elos amorosos serão de melhor qualidade se os parceiros forem do mesmo tipo. Esse é um dos pontos que venho defendendo há 25 anos e que pretendo que seja profundamente compreendido[3]. Um rapaz, por

---

3. Apesar de já ter me dedicado de modo exaustivo ao estudo das múltiplas facetas do fenômeno amoroso, no Capítulo 8 voltarei a fazer mais algumas considerações a respeito de como a agressividade, unida à sexualidade, poderá vir a fazer um papel nada desprezível no processo de escolha dos parceiros afetivos e no que costuma acontecer no cotidiano dos casais.

exemplo, que não tenha estabelecido a associação entre sexo e agressividade própria da nossa cultura e que se aproxime de uma moça que a tenha estabelecido estará em maus lençóis! Será, com facilidade, manipulado e dominado por ela. Um relacionamento assim trará problemas também para ela, já que do ponto de vista sexual ele não será um parceiro interessante. Ela se sentiria mais excitada se fosse desejada por um homem mais insistente, agressivo e que a deixasse mais insegura de seus sentimentos. O fato de ele não se sentir sexualmente interessante irá reforçar os seus sentimentos de inferioridade e levá-lo a julgar-se efetivamente menos dotado do que deveria, até mesmo com relação à sua virilidade. O mesmo raciocínio vale para uma moça que seja mais discreta e que use sua sensualidade de forma não-agressiva. Caso venha a se encantar por um malandro típico, será muito infeliz e só poderá mesmo exercer o papel de mártir. Agora, se rapazes e moças que não estão de acordo com o padrão típico da cultura deixarem de se sentir inferiores por causa disso e apenas perceberem que são diferentes, tenderão a se aproximar uns dos outros.

Sempre insisto com os meus pacientes mais tímidos para que, ao chegarem numa festa, procurem se aproximar justamente daquela menina bonitinha e discreta que está sentada quieta em algum canto da sala. Eles formariam um par mais afinado e talvez venham a estabelecer uma relação frutífera e construtiva, além de muito bem-sucedida do ponto de vista sexual.

Não faltarão oportunidades, ao longo dos próximos capítulos, para refletirmos sobre alguns aspectos relacionados com a questão moral. A associação entre sexo e agressividade tem sido uma das causas dos equívocos que temos cometido ao pensarmos sobre nossos valores. Insisto em reafirmar que não é um bom procedimento considerarmos mais certos ou virtuosos aqueles indivíduos que obtêm melhores resultados práticos acerca de um assunto e em determinado momento da história de uma cultura. Não acho que deveríamos pensar sempre no sentido oposto, de modo que não cabe considerarmos que o virtuoso será sempre aquele que é o prejudicado nos aspectos práticos da vida. Deve haver um modo mais sofisticado de pensarmos sobre uma questão assim relevante.

4
DESDOBRAMENTOS SOCIAIS DECORRENTES DA ASSOCIAÇÃO ENTRE SEXO E AGRESSIVIDADE

As conseqüências para a nossa vida íntima derivadas da associação entre sexo e agressividade são, pois, bastante graves. Reforçam muito os já poderosos sentimentos de inferioridade presentes em todos nós desde os primeiros anos de vida. Impedem relacionamentos desprovidos de violência e reforçam a presença das hostilidades sutis até mesmo nas interações mais íntimas e da qual tanto dependemos para nossa estabilidade emocional. Contribuem de forma dramática para o agravamento das confusões que fazemos acerca das questões da moral, uma vez que passamos a ter dificuldade maior em avaliar quem está certo, o que é ter um comportamento digno, qual a importância da agressividade e como deve ser usada nas questões práticas do dia-a-dia etc.

Mais graves ainda são, de acordo com o meu ponto de vista, as conseqüências da aliança entre sexo e agressividade na organização da vida social. Jamais deveríamos subestimar a importância da questão sexual no estabelecimento das normas que a regulamentam. Desde o início da vida em grupo, muitas delas tinham a ver com o que é sexualmente permitido e o que é proibido a cada membro. É evidente que muitas foram – e ainda são – as pessoas que não toleraram limites – e as proibições sempre atiçaram o desejo de contravenções. É importante compreendermos esse último aspecto, pois muito do que acontece em sociedade – especialmente entre os membros das classes dominantes – tem a ver mais com os mecanismos envolvidos nos processos de contravenções do que na passiva aceitação das normas.

Voltemos à guerra entre os sexos, ao conjunto de procedimentos por meio dos quais homens e mulheres tentam dominar uns aos outros. Quando uma pessoa consegue subjugar outra, estamos diante de um tipo particular de comportamento agressivo que podemos chamar de "poder". O poderoso é o que está por cima: ganha direitos sobre aquele que está por baixo, o qual tende a se sentir humilhado e com inveja, mas nem sempre está sendo dominado. Talvez o mais característico da dominação seja o fato de que o que se sente humilhado e corroído pela inveja não pode se afastar daquela determinada situação. Se uma pessoa pobre necessita vitalmente de um emprego e do pouco que ganha trabalhando para uma outra que é rica e que gosta de humilhá-lo, não terá como evitar a sujeição, e o rico se sentirá poderoso. O poder esgota-se quando o que está por baixo tem a alternativa de se afastar daquela situação.

Uma pessoa não consegue se afastar da situação humilhante porque está sendo pressionada por circunstâncias materiais, por medo de represálias de todo o tipo – como pode acontecer com uma prostituta aterrorizada pelo cafetão, com um membro da máfia que teme represálias do chefe e em tantas outras situações em que o poder se exerce pela intimidação –, ou, ainda, porque não consegue resistir às tentações das coisas atraentes que derivam da mesma fonte geradora da humilhação. É o caso de um milionário ou de um nobre que é grosseiro com seus "amigos" mais pobres, mas que lhes proporciona programas que jamais poderiam fazer por seus próprios meios.

O tipo de elo que existe na maior parte dos relacionamentos afetivos corresponde ao exercício de uma forma de poder determinado pela dependência emocional presente em um ou em ambos os membros do par. É comum que um seja o que ama e o outro aquele que se deixa amar; que um seja o mais generoso e o outro o mais egoísta. O generoso ama de uma forma mais intensa e se sente muito ameaçado de perder o amado. Este, percebendo a fraqueza do companheiro, costuma ameaçá-lo com uma separação indesejada, o que determina pânico e propensão à cega obediência e satisfação dos desejos do que é o mais egoísta – e que, na realidade, é o mais dependente do ponto de vista prático e o que é menos dependente emocionalmente. No cotidiano, o egoísta exerce o poder sobre o generoso até que este último decida se rebelar e partir. Tem condições práticas para isso e, ao adquirir condições emocionais, costuma fazê-lo.

Existe uma condição ligada ao sexo que podemos chamá-la, com propriedade, de "poder sensual". Trata-se do desejo que algumas mulheres muito atraentes despertam em certos homens que, hipnotizados por seu charme e sua beleza, não conseguem se afastar delas nem mesmo quando grosseiramente humilhados. É indiscutível o impacto que elas provocam em um grande número de homens, assim como também o é, a meu ver, o fato de elas serem perfeitamente conscientes do poder que têm, ou seja, do quanto podem abusar desses homens sem que eles tenham forças para sair de perto delas. Penso que iniciam o processo psíquico de conscientização de que são detentoras desse tipo muito especial de poder por volta dos 14 anos – época em que os meninos estão chegando à puberdade. Percebem que a vida adulta implica uma guerra entre os sexos e que a condição delas, desse ponto de vista, é privilegiada. Eles observam aqueles corpos sensuais e geradores de um desejo que os deixa perplexos. Não sabiam que a vida adulta seria assim e demoram um bom tempo até conseguir se recompor desse inesperado revés – sim, porque saíram da infância convictos de que eram portadores de uma condição privilegiada.

Os homens sempre reconheceram, muito frustrados, o poder sensual das mulheres, que constantemente se beneficiaram desse aspecto privilegiado de sua condição; assim sendo, empenharam – e ainda empenham – boa parte de sua energia no sentido da preservação e do aprimoramento da beleza física. Antigamente, quando o casamento era uma instituição mais estável, muitas se tornavam negligentes a partir do momento em que já haviam se estabelecido desse ponto de vista; em nome das gestações e dos cuidados exigidos pelos filhos, voltavam seu foco de interesse mais para esses aspectos do que para o de continuar a seduzir e impactar seus maridos. Recentemente, em função dos movimentos chamados feministas, muitas passaram a colocar a questão no sentido inverso: passou a ser inadmissível que fossem vistas e tratadas como objeto do desejo sexual. É curioso que tenham feito afirmações desse tipo, uma vez que o sonho erótico mais comum entre elas é ser objeto de intenso desejo por parte do maior número possível de homens!

Não é à toa que muitos homens e mulheres passaram a considerar as reivindicações feministas como próprias de mulheres pouco atraentes. Em nome dessa idéia, nem sempre verdadeira, deixaram de considerar outros aspectos importantes, como, por exemplo, os seus legítimos direitos de ocupar uma posição no mundo do trabalho e no espaço público em geral. A bem da verdade, apesar das futricas, as mulheres têm feito enormes avanços nesse campo e, em muitas profissões, antes tradicionalmente masculinas, hoje já são até maioria. Mesmo tendo avançado nas conquistas relacionadas com a vida profissional, não abdicaram dos cuidados que sempre tiveram com sua aparência física. Ao contrário, estes foram redobrados, o que não era o esperado, uma vez que não precisariam mais lançar mão dos seus poderes sensuais para garantir uma boa posição para si e para seus filhos no seio da vida familiar e social.

Era razoável supormos, na fase inicial do feminismo, que as mulheres economicamente emancipadas tenderiam a ser menos preocupadas em impactar sexualmente os homens. Acontece que, ao pensarmos assim, estávamos subestimando vários elementos, tanto os da vida íntima das pessoas como os relacionados com a vida social. No contexto psicológico, nossa vaidade se alegra e nos sentimos excitados por sermos capazes de despertar olhares de admiração e desejo. O crescimento da admiração que os homens sentem por elas não as tornou menos interessadas em provocar o desejo sexual. Entre um e outro tipo de vaidade, optaram pelos dois!

Sob a ótica social, temos assistido a um agravamento da rivalidade e da competição entre as pessoas em geral e entre os sexos em particular. As mulheres poderiam ter se desarmado, ter deixado de usar sua sensualidade como instrumento de poder se tivessem percebido determinados movimentos de desarmamento nos homens, o que não aconteceu. O que temos presenciado é o crescimento da preocupação masculina com a preservação dos seus espaços e do seu território de poder. Ora, elas têm conseguido avançar nos espaços masculinos, mas não abandonariam seus poderes inatos, a menos que vissem isso como algo muito interessante e benéfico. Como encontraram nos homens rivais à altura, ou seja, criaturas que decidiram aceitar os novos termos da guerra e tentar ganhá-la, elas estão fazendo o mesmo: tentando derrubá-los definitivamente e, para tanto, não podem abrir mão de nenhum dos seus poderes tradicionais. Acrescentaram outros, novos, e não subtraíram nada do que tinham.

Quem ganha com isso? O sistema econômico relacionado com o aumento de todos os bens de consumo.

As mulheres desejam continuar a se destacar como criaturas belas, atraentes, ricas e, além disso, bem-sucedidas no mundo do trabalho. Assim, têm de se adornar com objetos e roupas atraentes e caras, indicativo de sua boa condição econômica. Devem usar as marcas famosas e caras porque indicam a condição econômica. E tais marcas deverão produzir vestimentas capazes de torná-las cada vez mais atraentes. Provocarão graves mudanças no estilo de vestir de um ano para o outro para que as pessoas possam ficar seduzidas pelas novidades e tratar de adquiri-las. Deverão fazer isso para que fique claro quem é que ainda continua rico e ganhador no jogo competitivo. Sim, porque os que estão perdendo terreno não terão meios para comprar todos os recém-criados símbolos de riqueza.

Esse estilo de vida, relacionado com o exercício supremo da vaidade e da ambição material, cresceu muito entre as mulheres e os homens nos últimos trinta anos. É indiscutível que esses símbolos externos trouxeram consigo uma enorme preocupação com temas um tanto superficiais em prejuízo de reflexões e ponderações acerca de nossa vida subjetiva. Até mesmo quando as pessoas se preocupam com seu crescimento interior, isso se deve à persecução do objetivo de se tornarem mais aptos para a vida profissional competitiva que aí está. Pode ser que tudo isso tenha ocasionado uma aceleração capaz de fazer a economia crescer mais depressa, tenha determinado um aumento da produtividade humana e criado condições favoráveis à geração de alguns novos bens de consumo úteis e interessantes. Ao mesmo tempo, não podemos negar que estamos passando por uma fase árida do ponto de vista das artes, da literatura e da reflexão filosófica. Temos observado muitos avanços na tecnologia e pouquíssimos naquilo que afeta mais nossa sensibilidade e vida íntima.

A postura masculina diante dos novos acontecimentos relacionados com a entrada efetiva das mulheres no mundo do trabalho – o que antes lhes estava interditado – em nada tem contribuído para a atenuação da guerra entre os sexos. Atônitos com a inesperada competência feminina em áreas profissionais antes só reservadas a eles, os homens têm se dedicado com afinco crescente ao trabalho. Assim, ao invés da esperada redução da jornada de trabalho, temos observado, em vários países, o contrário. Como nos sentimos ameaçados uns pelos outros, não queremos deixar espaço para que o crescimento alheio impeça nossa própria evolução. O avanço tecnológico muito rápido introduziu mais um ingrediente competitivo e gerador de insegurança; homens e mulheres têm se empenhado muito para conseguirem o aperfeiçoamento necessário no sentido de se tornarem habilitados para o manuseio das novas máquinas, condição indispensável para a permanência em uma boa posição profissional.

Os homens bem que tentaram dificultar a entrada das mulheres no mercado de trabalho mais sofisticado e bem remunerado que a eles pertenceu por tantos séculos. Mas elas demonstraram ser portadoras de tanta garra que os surpreendeu: submeteram-se a condições adversas, aceitaram salários inferiores e também a chamada "dupla jornada de trabalho", por meio da qual eram responsáveis ainda pelas tarefas domésticas, pela educação dos filhos etc. Nada as dissuadiu. Estavam determinadas a ganhar, com louvor, a guerra dos sexos. Foi o que aconteceu! E é exatamente nesse ponto da história que nos encontramos.[1]

Assim sendo, a maioria das mulheres aceitou o desafio e se lançou no espaço público, disputando palmo a palmo seu território com os homens. Isto poderia – e poderá – ter vários tipos de desdobramentos. Nesse primeiro momento, temos presenciado um dramático agravo da competição entre homens e mulheres, acompanhado de um afrouxamento da conduta moral. Os homens sentiram-se fragilizados e têm tentado se sustentar nas suas posições profissionais. As pessoas que se sentem assim ameaçadas em suas fontes de autocon-

---

1. Dois grupos de mulheres fazem exceção a essa regra. O primeiro é composto por aquelas que continuam a se comportar do modo tradicional: preferem deixar esse universo profissional assim exigente e competitivo para os homens. Dedicam-se às suas casas, aos seus filhos e a cuidar física e intelectualmente de si mesmas; concordam com a tradicional divisão de trabalhos e de poderes. Apesar de em número cada vez menor, estas mulheres são muito valorizadas, particularmente por homens que têm uma atividade profissional que lhes permite rendimentos suficientes para o sustento de toda a família. O segundo grupo pertence às mais egoístas, que nunca foram muito dedicadas e nem empenhadas em atividade alguma, dentro ou fora de casa. Foram e são as que mais reclamam, as que acham que seus companheiros se divertem muito nos seus trabalhos, as que têm inveja de um eventual sucesso deles, as mais ciumentas e que temem que ele se apaixone por alguém no ambiente de trabalho. Na realidade, são as que não aceitam ter nascido mulheres e rejeitam as tarefa femininas tradicionais; não se reconheceram com forças e coragem suficientes para enfrentar o mundo competitivo agora também ao seu alcance. As que mais reclamam são as que menos fazem e as mais efetivamente frustradas.

fiança passam a viver uma condição, à qual já me referi, de extrema adversidade – é óbvio que o que é adversidade extrema para uma pode não sê-lo para outra. Nessas condições, elas tendem a abrir mão de alguns valores morais que, em geral, prezam muito. É como se estes valores fossem um luxo, algo que é mantido enquanto possível, enquanto não estiver em risco a sua sobrevivência física e emocional. Registro, mais uma vez, que o agravamento da competição entre elas gera uma condição na qual dificilmente reinarão as virtudes da moral. O jogo competitivo não se caracteriza pela lealdade. Ao contrário, quando a competição se exacerba, as regras do jogo são quebradas com uma freqüência cada vez maior. Aqueles que respeitarem ao pé da letra o regulamento tenderão a ser os perdedores; sentir-se-ão muito frustrados e infelizes pelo fato de terem sido superados por rivais menos competentes e menos escrupulosos.

Temos assistido a um importante rebaixamento do padrão médio de conduta moral. Nem mesmo aqueles que continuam a se comportar conforme suas convicções estão felizes, já que se tornam ressentidos pelo fato de não estarem na rota do sucesso que ambicionam. Os que vencem o jogo transgredindo as regras sabem que não agiram de forma leal, de modo que não podem usufruir plenamente de sua vitória. Na verdade, quando existe um afrouxamento dos valores éticos, não há vencedores e perdedores. Somos todos perdedores!

Os perdedores tornam-se mais frustrados e ansiosos. Vivenciam um crescente vazio interior, que gera uma sensação de ansiedade e depressão, a qual tem crescido fundamentalmente entre pessoas mais jovens e que estão vivendo mais intensamente a realidade competitiva que estou descrevendo. Ela é mais freqüente nos países mais desenvolvidos, onde a competição é mais dramática. Um dos remédios que nossa cultura lança mão para que nos sintamos menos infelizes é buscarmos consolo e alegria no consumismo. Assim, ganhamos mais dinheiro, fruto de um trabalho cada vez mais angustiante e difícil, que é gasto para comprarmos os bens que momentaneamente atenuarão a nossa ansiedade e depressão geradas por esse mesmo estilo de vida. Sim, porque o tempo a mais dedicado ao trabalho é subtraído de atividades pessoais e mesmo de relacionamentos sociais que talvez nos fizessem mais serenos e intimamente mais felizes.

O consumismo desvairado determina um novo e mais dramático tipo de competição entre as pessoas: passamos a competir também naquilo que deveria ser nossa recompensa pelo fato de competirmos no trabalho! Nos tornamos tão competitivos que não sabemos mais fazer nada que não gere esse tipo de produção de adrenalina. Nossas férias terão de conter esportes radicais, perigosos, cheios de obstáculos a serem ultrapassados. O tênis ou o golfe do fim de semana não é mais uma brincadeira, de modo que nos deprimimos quando perdemos a partida para "aquele" adversário. Nossos programas de lazer, passeios, os vinhos que tomamos, tudo, enfim, terá de ser melhor, mais caro e mais refinado do que o dos nossos concorrentes e também dos nossos amigos e familiares.

Seguramente, a rivalidade e a competição assim constituídas ultrapassam de longe as fronteiras das relações entre os sexos. Homens disputam entre si para saber qual deles ganha mais dinheiro, quem é o mais famoso, quem conquistou mais mulheres ou foi capaz de fazer mais horas de exercício, quem está mais magro e assim por diante. As mulheres, por sua vez, disputam para saber qual delas está indo melhor no trabalho, quem teve acesso àqueles homens mais cobiçados, quem está com os peitos mais em ordem, quem fez a cirurgia plástica mais bem-sucedida, ou quem está com o corpo mais bem cuidado, ou, ainda, quem tem os filhos mais bonitos e inteligentes etc. Acabamos perdendo o interesse por tudo o que não seja competitivo, que nos soa aborrecido e monótono. Em uma frase: quando não estamos competindo, estamos entediados.

Nessas condições, é desnecessário dizer que as relações de amizade, tão gratificantes e ricas, não têm o menor espaço para florescer. Amigos não são concorrentes: ao contrário, torcem por tudo o que possa ser bom para o outro. Uma sociedade competitiva como a que estamos vivenciando e ajudando a construir corresponde a um ambiente onde, mesmo quando não for esse o nosso desejo, nos entristecemos com as glórias alcançadas até pelos nossos amigos e parentes mais chegados. Perdemos a capacidade de sermos solidários e o que sabemos mesmo é só disputar. Os esportes, competitivos por excelência, ficam em alta e são ainda mais estimulantes da perpetuação do estado atual das coisas. As atividades intelectuais passam a ser encaradas de uma forma competitiva, de modo que uma pessoa já não sabe mais se lê ou estuda porque isso lhe gratifica e enriquece, ou se o faz para não ficar para trás, não se sentir rebaixada em relação a essa ou àquela pessoa. Não sabemos mais se queremos ter uma casa com um jardim amplo para podermos nos entreter com as plantas nos finais de semana ou nos exibir para nossos conhecidos. Dessa forma, tudo se contamina com o germe da competição, prejudicando atividades que, na sua origem, poderiam ser atraentes e muito prazerosas!

Conseguimos a fantástica proeza de nos tornarmos todos rivais! Como nossa vaidade requer exibicionismo e este exige observadores, não podemos nem sequer nos afastar muito dos nossos pares, sob pena de nos sentirmos deprimidos por falta de comparações, aplausos, sucessos e insucessos. Isso porque, sem nos darmos conta, ficamos cada vez mais "viciados" nos prazeres da vaidade. Nos entristecemos se estamos sós, mas também quando estamos na companhia das pessoas, uma vez que no convívio com elas sempre existirão as que são mais ricas, mais jovens e bonitas, mais magras ou mais bem acompanhadas do que nós.

O que pensar de uma sociedade em que os ganhadores do jogo da vida estão assim frustrados? O que dizer então dos perdedores? O bom senso nos impulsionaria a uma postura reflexiva e crítica em relação às regras mesmas que regem nossas relações pessoais e profissionais. Todavia, não é o que acontece. Buscamos saídas mais fáceis que não impliquem revisão das regras do jogo. Buscamos atenuadores da nossa ansiedade, do tédio e da depressão que, com freqüência, nos assola por estarmos tendo uma vida árida e sem sentido, em que tudo muda tão rapidamente e em que, ainda por cima, somos induzidos a pensar que fazemos parte do melhor dos mundos. Se estamos vivendo o que há de melhor e mesmo assim nos sentimos miseráveis, devemos estar doentes!

É provável que estejamos deprimidos, e isso se cura com medicações que interferem no metabolismo cerebral que, por razões genéticas, deve estar falhando. Bela explicação! Tornamo-nos usuários dos novos antidepressivos e nos sentimos um pouco melhor. Pronto! É a confirmação de que nosso problema era mesmo da ordem da química cerebral. Buscamos outros atenuantes, tanto em medicações que nos prometem o bem-estar desejado como em tratamentos alternativos, alguns muito antigos, como é o caso dos exercícios de ioga e relaxamento. Buscamos soluções práticas que deverão nos ajudar a vivenciar com mais satisfação os prazeres da contemporaneidade. Tudo isso custará algum dinheiros; mas não faz mal, pois trabalharemos um pouco mais e aí teremos o suficiente para nos presentearmos com todos os tratamentos que irão nos confortar dos desgastes exagerados oriundos do excesso de trabalho e de competição.

Não consigo imaginar que esse será o caminho pelo qual conseguiremos avançar tanto nas questões da moral e da justiça como nos aspectos relacionados a organização social, econômica e política mais digna do animal racional que somos. Estamos regidos, ainda que de forma disfarçada, por um impulso instintivo muito intenso – nosso instinto sexual e seu desdobramento relacionado com a vaidade – e por reações agressivas que são próprias dos nossos mecanismos de autopreservação, os quais, separadamente, são poderosíssimos e, ainda por cima, estão unidos por um elo sólido e milenar. Eles se travestem em posicionamentos racionais e em ideologias políticas e regras de ordem moral. A verdade é que temos sido governados por racionalizações, ou seja, por fórmulas aparentemente lógicas que apenas escondem as verdadeiras motivações de ordem emocional. Enquanto não desfizermos esses mal-entendidos e não formos capazes de aprimorar nossa subjetividade a ponto de conseguirmos desfazer o elo existente entre sexo e agressividade – e sua importante manifestação, que é a sede de poder –, não creio que conseguiremos avanços efetivos nas questões éticas, políticas e econômicas pelas quais tantos de nós ansiamos. Para que encontremos fórmulas bem-sucedidas, esses temas exigem que nossa racionalidade participe intensivamente da formulação dos projetos de vida, tanto os individuais como aqueles relativos à ordem social.

5
AS BASES BIOLÓGICAS DETERMINANTES DA ASSOCIAÇÃO ENTRE O SEXO E A AGRESSIVIDADE

Quanto mais penso a respeito da forma como usamos nosso aparelho psíquico mais compreendo quanto o ato de nos compararmos pode nos induzir a caminhar numa direção perigosa. Não sei mesmo se existe saída para a questão: parece-me quase impossível não nos compararmos aos nossos semelhantes; ao mesmo tempo, não consigo imaginar como, ao nos sentirmos menos favorecidos, não desenvolvermos algum tipo de hostilidade invejosa[1].

Ao nos compararmos e ao nos defrontarmos com as diferenças que nos separam dos nossos semelhantes, tendemos a atribuir um valor diferente para cada um de nós. Ao reconhecermos a existência de alguma dife-

---

1. Poucas são as criaturas que praticamente não sentem inveja; é verdade que são em número bastante inferior ao daquelas que afirmam não senti-la. Talvez sejam mais dóceis e tolerantes a esse tipo especial de frustração relacionada com uma ferida na vaidade e também menos vaidosas ou menos agressivas. Independente do que sejam, certamente são mais felizes!

rença, iniciamos uma reflexão que visa nos informar sobre qual de nós está na condição favorecida; nosso posicionamento dependerá do resultado dessa reflexão e do julgamento que fizemos, aplicando, ao que foi avaliado, nosso código de valores. Quando nos sentimos superiores, podemos ter vários tipos de sensações, que vão desde satisfação até constrangimento e pena. Ao nos percebermos inferiores, nos sentimos humilhados, diminuídos e tendemos a nos revoltar contra o nosso destino e a desenvolver sentimentos de hostilidade contra aquele que nos é superior. A única possibilidade para evitarmos o estabelecimento da agressividade derivada da inveja é nos afastarmos de quem nos determina a desagradável sensação de nos reconhecermos inferiores.

É preciso entender, da forma mais completa possível, as razões da hostilidade invejosa entre os sexos e a rota que implicou sua associação ao próprio desejo sexual. Nossa tarefa básica passa pela profunda compreensão das diferenças que existem entre o masculino e o feminino. Elas são de dois tipos: anatômicas e fisiológicas. As anatômicas são mais fáceis de ser observadas e são indiscutíveis. Já as diferenças fisiológicas sempre estiveram sujeitas a múltiplas formas de avaliação e nem sempre foram atribuídas às nossas peculiaridades inatas. No domínio da anatomia, não há como tentarmos pensar na interferência de fatores culturais. No campo da fisiologia, entretanto, tudo é menos palpável, menos visível a olho nu. Nesse caso, as pessoas tendem a ponderar levando em conta seus pontos de vista teóricos, que, não raramente, são tão poderosos que interferem na livre observação dos fatos. Em situações como essa, a perspectiva científica da pura observação está sempre um tanto prejudicada pelas idéias e ideologias que já fazem parte do sistema de pensamento daquele que está tentando olhar algum fato. Apesar da óbvia dificuldade, é dever do cientista tentar se esvaziar de todo tipo de convicção quando se dispõe a avaliar determinada condição objetiva. É necessário recriar uma condição de total ignorância e olhar para aqueles fatos que são objeto de estudo como se nada soubesse a respeito dele.

Do ponto de vista da anatomia, nossa questão é menos polêmica. Por volta dos dois anos, as crianças percebem que somos de dois tipos: aqueles que têm pênis e os que não têm. Talvez seja uma das descobertas mais surpreendentes dos nossos primeiros anos de vida! Mais ou menos rapidamente se apercebem de que existe um modo de ser típico de cada um dos dois tipos de seres humanos. Os que não têm pênis possuem, quando adultos, várias outras características que os diferenciam dos que o têm. Além de todas as diferenças na aparência física, costumam existir posturas e atividades próprias de cada um desses gêneros. Portanto, há um corpo masculino e um feminino. Existem papéis desempenhados preferencialmente por homens e outros que são "próprios" das mulheres. A superioridade muscular masculina é evidente, e aos homens estão reservadas as atividades relacionadas com a maior força física. As mulheres, mesmo em tempos mais igualitários, são as que engravidam e cuidam mais ativamente das criancinhas e costumam estar mais voltadas para as atividades domésticas, além de se dedicarem também a trabalhos extradomiciliares.

As enormes diferenças anatômicas entre os sexos sempre foram objeto de avaliação comparativa. Os homens, portadores de um pênis explícito e historicamente detentores do poder social, atribuíram a si próprios a condição de privilegiados, superiores. Sempre se consideraram mais fortes e mais inteligentes do que as mulheres. Acreditaram que tinham um modo mais eficiente e objetivo de pensar e tenderam a depreciar as mulheres, motivo de chacota e alvo de todo o tipo de humilhação. Essa avaliação sempre foi transferida para o universo infantil, de modo que crescemos num ambiente social em que a condição de portador do pênis era de superioridade. As próprias crianças costumam se colocar assim; muitas são as meninas que se sentem profundamente prejudicadas pelo fato de não possuírem o pênis. Desenvolvem inveja dos meninos, revoltam-se contra as peculiaridades da condição feminina, não gostam dos brinquedos típicos do seu gênero e tentam se enturmar com os meninos. Crescem revoltadas e invejosas por se sentirem inferiores. As que pior lidam com frustrações e dores psíquicas em geral são as mais revoltadas. Agem como se não tivessem sido capazes de suportar a primeira grande frustração: a de não serem parte do sexo masculino, do gênero "privilegiado". Os anos da puberdade e da adolescência lhes reservarão uma agradável surpresa, condição na qual aparentemente se reconciliarão com o fato de terem nascido mulheres.

Os meninos crescem orgulhosos de possuírem o pênis, de serem parte do grupo mais poderoso, os que se dedicam a brincadeiras e aos jogos mais interessantes, aqueles que, quando adultos, serão os "reis do mundo". Repetem o que observam ser a postura dos adultos e tendem a desprezar as meninas, especialmente aquelas mais adaptadas à sua condição e que se dedicam às bonecas e aos brinquedos que lhe são típicos. Assim como entre as meninas, alguns meninos não gostam de ter nascido com o pênis, de ser parte do gênero masculino. Identificam-se mais facilmente com as posturas e tarefas tradicionalmente femininas e adquirem, desde muito cedo, trejeitos próprios das mulheres. São em número muito menor do que aqueles que se orgulham de sua condição e são menos numerosos do que as meninas que não gostam de ser parte do seu gênero. Essa revolta, em oposição ao que é o valorizado pelo meio social em que vivemos, costuma derivar de condições específicas da vida de cada um deles. É notória a correlação entre esse estado mental, que se estabelece precocemente, e a forma mais afeminada da homossexualidade masculina.

Uma peculiaridade associada à masculinidade e que pode ter algum substrato biológico diz respeito às atitudes de luta e de competição muitas vezes violenta que, a partir dos seis, sete anos, observamos entre os meninos de uma forma diferente do que surge entre as meninas. É como se um comportamento mais agressivo fosse parte do arsenal genético próprio desse sexo e tornasse desajustados aqueles menos providos desse ingrediente vinculado à virilidade. Meninos menos agressivos têm muitas dificuldades e não raramente são motivo de chacota por parte dos seus colegas e de preocupação para os seus pais. De forma geral, podemos dizer que eles, ao mesmo tempo que são tratados como criaturas superiores – e se julgam assim –, sentem-se sobrecarregados, já que sobre eles existem exigências e expectativas muito maiores do que as que recaem nas meninas. Eles são os mais dotados e deverão estar à altura de sua condição de proprietários de um pênis: terão de fazer jus a isso, o que corresponde a uma enorme exigência em relação a tudo aquilo que um homem deverá ser e ter. Qualquer falha terá desdobramentos complexos que incluem dúvidas acerca da sua própria virilidade.

Na prática, a superioridade masculina custa aos homens uma enorme e penosa carga de expectativas relativas a muitos aspectos da vida; qualquer deslize coloca imediatamente em dúvida sua própria competência sexual. O homem, tido como o sexo forte, só por essa condição já se transforma naquele mais frágil e mais vulnerável.

A adolescência traz consigo os primeiros sinais das grandes e importantíssimas diferenças relacionadas com a fisiologia sexual, as quais se agregam às anatômicas, já tão influentes na infância. Os rapazes surpreendem-se com a importância que as moças passam a representar em suas vidas quando, a partir da puberdade, se tornam muito atraentes visualmente. Por causa desse aspecto da fisiologia masculina, o desejo é extraordinariamente dependente da aparência física das mulheres. Percebem-se bastante atraídos principalmente pelas mais belas, sentem enorme vontade de se aproximar fisicamente delas, roçar nelas até atingirem a resposta ejaculatória. Ao mesmo tempo, pressentem que a recíproca não é verdadeira – ao menos do ponto de vista da aparência física. Certamente, a primeira tendência é atribuírem isso a alguma deficiência pessoal: acham-se baixos, gordos, narigudos etc. Não percebem que se trata de uma diferença mais genérica e que se manifesta em todos os moços. O que sabem é que se sentem atraídos pelas moças e que necessitam da aprovação delas para se achegarem, o que não é tão fácil e automático quanto gostariam. Paralisam-se, então, por um sentimento de humilhação e inferioridade.

As moças, por sua vez, surpreendem-se de uma forma positiva. Sabem que são intensamente desejadas a partir do surgimento dos seus caracteres sexuais secundários e que os moços – assim como os homens mais velhos – olham muito para seus seios, seus quadris recém-arredondados, suas pernas e notam cada parte do corpo descoberto. Passam horas a fio diante do espelho e gostam de se arrumar, pois serão imediatamente recompensadas pelos olhares de desejo dos homens. Passam a se interessar por roupas extravagantes e por todo tipo de produto de beleza capaz de torná-las ainda mais interessantes aos olhos deles. Com o passar dos meses, tornam-se cada vez mais conscientes do fato de que os homens sentem por elas algo muito diferente do que elas em relação a eles.

É óbvio que as moças sentem interesse e mais vontade de se aproximar de determinados rapazes do que de outros. Estabelecem uma escala de valores para classificá-los e se interessam pelos mais bem posicionados. A regra é que considerem mais interessantes os mais belos, inteligentes, bem-sucedidos nos esportes, os mais simpáticos e divertidos, e assim por diante. Contudo, percebem claramente que os rapazes se interessam, ao menos no início, por sua aparência física, pelo fato de serem sexualmente atraentes aos seus olhos e que o desejo deles, diferente do que acontece com o delas, independe de outras propriedades e valores que elas possuam. Desse fato derivou a idéia de que os homens, grosseiros, vêem as mulheres apenas como um "objeto" de seu desejo sexual.

Muitas das que detestavam pertencer ao seu gênero começam a mudar de posição e a reconhecer que não é tão ruim assim ser mulher; talvez sejam as que mais rapidamente percebam que o fato de serem desejadas de uma forma muito mais intensa e direta do que desejam corresponde a uma condição privilegiada. Assim, justamente aquelas que mais se revoltaram contra o seu destino agora são as que tendem a se tornar as mais vaidosas e as mais preocupadas em exibir sua feminilidade. O fato é suspeito e só se explica pela precoce consciência dessas mulheres de que poderão usar a sua nova condição para ganhar poder sobre os homens. Convencem-se de que o fato de serem desejadas as torna poderosas e de que os homens tendem a se desmanchar em elogios e a favorecer muito as que lhes despertam desejo. Passam a se sentir superiores e a usar o inesperado e bem-vindo poder sensual para humilhá-los e, de certa forma, se vingar daqueles que, na infância, tanto as fizeram se sentir rebaixadas. Usam sua sensualidade quase que unicamente como uma arma – e essa é a razão pela qual a "afiam" tanto!

As que foram meninas mais conciliadas com seu gênero alegram-se com o fato de se tornarem assim atraentes e impactantes aos olhos dos homens. Sentem menos necessidade de usar isto como um poder e costumam se colocar de uma forma mais discreta até mesmo por temerem certo descontrole sobre a própria sexualidade. Excitam-se muito ao se descobrirem profundamente desejadas. A inexistência do desejo visual nas mulheres não implica uma menor disponibilidade para a atividade sexual; significa que o processo de excitação delas é diferente do masculino e se ativa quando percebem que são capazes de despertar um intenso desejo nos homens, em especial naqueles que lhes são mais interessantes.

Como a aparência física feminina é assim tão importante, as moças menos atraentes passam a se sentir extremamente prejudicadas. A situação delas não é nada boa. Cultivam sentimentos de inferioridade, humilhação e inveja em relação às mais belas e atraentes, além de poderem desenvolver hostilidades contra os rapazes pelo fato de não se interessarem por elas. Surgem, assim, novas e importantes fontes de rivalidade e hostilidade também entre criaturas do sexo feminino, que agora passam a se comparar quanto ao poder de sedução que conseguem exercer sobre os homens. A chegada à vida adulta e a perda da ingenuidade correspondem, pois, à constatação de que as relações entre as pessoas são muito mais agressivas e competitivas do que poderíamos supor durante a infância.

A diferença na natureza do desejo entre homens e mulheres tem sido atribuída por muitas pessoas a aspectos ligados à nossa cultura "machista". Contesto esse ponto de vista afirmando, uma vez mais, que os homens sempre se sentiram profundamente diminuídos e humilhados pelo fato de não serem desejados da mesma forma que desejam; jamais teriam formulado normas que impedissem as mulheres de desejá-los, uma vez que ser objeto do desejo corresponde ao seu maior sonho. Não acredito naquilo que hoje se prega: que os homens também poderão ficar fisicamente atraentes aos olhos das mulheres. Creio que a diferença é biologicamente determinada, como acontece com todos os outros mamíferos, entre os quais a fêmea atrai o macho por meio de estímulos olfativos. Em nossa espécie, tais estímulos tornaram-se visuais, o que complica muito a questão. Sim, porque as mulheres são atraentes aos olhos dos homens durante todo o tempo, ao passo que as fêmeas das outras espécies só atraem os machos durante o período do cio. É por isso que se diz que as mulheres estariam permanentemente no cio, o que não deve ser verdadeiro. Elas despertam o desejo dos homens o tempo todo, o que não significa que estejam sexualmente disponíveis para eles de modo permanente.

Isso nos remete a uma outra importante diferença entre os sexos: as mulheres estão sujeitas a um ciclo hormonal um tanto complexo, de modo que, ao longo de cada mês, sofrem importantes variações, as quais, muitas vezes, implicam oscilações de estado de espírito, disposição física e disponibilidade sexual. Os homens, por não estarem sujeitos a iguais variações, não acreditam muito na sinceridade das queixas. É sempre o mesmo problema: não sabemos lidar e, por vezes, não conseguimos nem sequer acreditar que seja possível a existência de sensações diferentes daquelas que conhecemos. Não temos equipamento psíquico para lidar com diferenças; portanto, ou as negamos ou as interpretamos como ofensa pessoal. A verdade é que a fisiologia hormonal feminina é muito diferente da masculina, o que determina importantes diferenças nas posturas e sobretudo no que diz respeito à estabilidade das condutas de muitas mulheres. O fato de essa instabilidade não existir em todas elas não deve servir de argumento para desqualificar sua existência.

Há mais duas diferenças fisiológicas, dependentes de nossa natureza biológica, entre os sexos, além das já citadas aqui – que tratam da importância do desejo despertado nos homens pela visão do corpo feminino e da instabilidade feminina relacionada com variações hormonais derivadas do ciclo menstrual.[2]

---

[2]. Quase sempre o primeiro impacto que uma diferença nos provoca é de natureza hostil. Nos sentimos pessoalmente ofendidos quando a pessoa com a qual convivemos não pensa, nem sente ou tampouco age da forma como o faríamos. É como se estivéssemos sendo traídos, abandonados. Tendemos a reagir de uma forma absolutamente desproporcional ao que ocorreu. Podemos até mesmo nos comportar de forma violenta apenas porque aquela pessoa da qual somos íntimos discordou de nosso ponto de vista acerca de um assunto trivial. Como as diferenças são assim tão mal elaboradas, cada uma das que existir entre os sexos será fonte importante de dificuldades. Talvez seja essa a razão pela qual tantas pessoas gostem de pensar que nossas diferenças são apenas determinadas por fatores culturais ou por causa das peculiaridades da nossa história de vida: seriam obstáculos mais facilmente transponíveis. A boa solução, nesse caso, consiste na mais difícil: aprendermos a conviver melhor com todos os tipos de diferenças.

Já me referi de passagem a uma delas quando registrei a maior propensão dos homens a respostas agressivas. Não é um bom caminho recorrer ao que podemos observar entre os animais – apesar de os que estão mais perto de nós na escala evolutiva poderem dar algum tipo de indicação acerca do que aconteceria conosco caso não tivéssemos sido aculturados. Mas, nos mamíferos superiores, o macho costuma ser mais violento. Acho que os homens também o são, principalmente quando nos referimos a situações que mais se aproximam da condição animal. É o caso, por exemplo, dos atritos no trânsito, das brigas em bares depois de terem ingerido certa quantidade de álcool, das verdadeiras guerras que acontecem entre torcidas de clubes de futebol etc. O trânsito nos mostra como eles costumam ser mais competitivos até mesmo em situações banais, já que detestam ser ultrapassados em uma estrada ou que buzinem para que saiam da frente. Reagem de uma forma mais grosseira e primitiva do que a maioria das mulheres. Estas, quando estão ao seu lado, surpreendem-se com a grosseria de um homem – em outros aspectos educado – e não raramente se sentem desrespeitadas e ofendidas por comportamentos que não entendem, pois não teriam agido assim.

Nas situações em que a competitividade e a violência estão mais vinculadas ao aprendizado cultural, como acontece nos ambientes de trabalho e no contexto da vida familiar, as mulheres têm tido condutas que estão se aproximando da masculina – o que, por um ângulo, é uma lástima; melhor seria se os homens tivessem se tornado mais meigos. Há reações violentas desencadeadas por certas emoções ou determinados sentimentos intensos, como é o caso daquelas relativas ao ciúme, em que homens e mulheres reagem igualmente porque a vivência está relacionada com dores associadas a experiências infantis de abandono pelas quais todos passamos. Acredito que as grandes diferenças se manifestam mesmo nos contextos em que a cultura fala mais baixo do que a biologia.

Há ainda uma quarta e fundamental diferença relativa à fisiologia sexual e que é responsável por enormes desentendimentos entre os sexos. Trata-se da ausência de período refratário após o orgasmo feminino. Muitos homens não conseguem nem sequer imaginar o que isto significa, uma vez que, ao ejacularem, experimentam total sensação de saciedade e se tornam, por algum tempo, refratários aos estímulos eróticos. Querem dormir e não entendem por que suas parceiras não estão igualmente relaxadas e querem conversar ou até mesmo namorar mais um pouco. Não compreendem que, ao atingirem o orgasmo, a descarga delas não irá determinar um estado físico e mental equivalente ao da ejaculação. E ficam desconfiados: ou fingiram um orgasmo que não existiu, ou, então, são mesmo insaciáveis, o que as torna muito menos confiáveis do que gostariam e suportariam.

As mulheres também reagem de forma confusa diante do fato de não experimentarem o mesmo tipo de alívio da tensão erótica que observam existir entre os homens. Podem achar que há algo de errado com elas, uma vez que são muitas as que dizem sentir da mesma forma que os homens – o que, provavelmente, corresponde a um anseio de igualdade, determinado por uma convicção ou ideologia, que falsifica até mesmo a auto-observação. Podem mesmo imitar os vocábulos masculinos e usar expressões do tipo "já gozei". Nas mulheres, isso não quer dizer muita coisa, uma vez que, não existindo o período refratário, poderão vir a gozar outras vezes logo em seguida; e mais: não sentirão o relaxamento acompanhado de uma certa aversão à continuidade erótica que os homens sentem. Tanto assim que, na grande maioria dos casais, a seqüência das trocas de carícias eróticas passa primeiro pela estimulação feminina até que a mulher tenha um ou vários orgasmos para que depois a atenção se volte para o homem, cuja ejaculação sempre determina o final do ato sexual.

Sabemos dessa diferença desde os trabalhos de Masters e Johnson em 1966, mas não extraímos dela tudo o que deveríamos, de modo que fazemos de conta que a ela não correspondem as conseqüências que citei: que as mulheres não se irritam, não se sentem ofendidas e nem humilhadas com a sonolência dos homens após a relação sexual. Não a relacionamos com o fato de cerca de 50% das moças não verem graça na masturbação: todas a praticaram durante algum tempo no início da vida adulta, mas a metade se desinteressa justamente porque não lhes provoca o alívio e o relaxamento desejados – e que acontecem com os homens. Não relacionamos o fato com a enorme desconfiança que os homens sentem das mulheres por elas estarem sempre disponíveis para o sexo. Isto também os humilha porque parecem menos dotados que elas; e muitos são os que se empenham em se transformarem em parceiros quantitativamente à altura.

Sabemos que a prostituição feminina é mais fácil de ser exercida do que a masculina, entre outras coisas, por força dessa disponibilidade sexual quase permanente das mulheres. A desconfiança masculina de que a mulher não lhe será fiel ganha respaldo em fatos desse tipo, condição na qual muitos são os que se sentem confortáveis para impor indevidas limitações às suas parceiras. Os homens costumam atribuir a si o direito de fiscalizar a vida de suas companheiras, tidas como pouco competentes para se autogovernar. Muitos ainda tentam fazer como os pais de antigamente, que se sentiam com o direito de serem os guardiões da sexualidade de suas filhas. Todas essas posturas implicam a idéia de que é muito difícil para a própria mulher se comportar de acordo com as regras que regem a vida afetiva, que implicam superestimarmos a exuberância da sexualidade feminina, que seria de controle muito difícil, e subestimarmos a força da racionalidade feminina. Trata-se de óbvias deturpações masculinas diante de diferenças que eles não entendem e que os ameaçam.

Não faltam, pois, circunstâncias nas relações entre os sexos para que todos se abasteçam de ingredientes agressivos. Desde os primeiros anos de vida, existem manifestações de recíproca hostilidade, já que muitas meninas não gostam de ser parte do seu gênero e muitos meninos agem com descaso e grosseria, desprezando-as ativamente e tratando-as como se fossem de uma categoria social inferior. Isso sem nos referirmos às brigas que tantas crianças assistem entre seus pais e à eventual observação de um ato sexual entre eles, o que também, aos olhos infantis, muito se assemelha a um ato de violência física – isto é válido quando elas só ouvem os ruídos que costumamos emitir durante os relacionamentos sexuais.

Na adolescência, os maiores prejudicados são os moços, notadamente aqueles que cresceram dentro de um contexto onde eram tratados como superiores. Ao compreenderem que necessitam do aval das moças para abordá-las sexualmente e que as desejam muito mais do que são desejados, muitos experimentam enorme e inesperada frustração geradora de grande raiva, sobretudo os mais imaturos, que são os que pior lidam com frustrações e que tenderão a lançar mão de qualquer recurso para reverter essa situação. A frustração determina algum tipo de reação agressiva em quase todos eles que, por força da inveja pelo privilégio feminino, passam a depreciar as mulheres de maneira ainda mais grosseira do que o faziam durante os anos da infância.

As moças descobrem o poder sensual, e aquelas que eram mais revoltadas contra sua condição – as mais imaturas – serão as que mais o usarão com a finalidade de provocar e humilhar os rapazes. Serão as mais exibidas, aquelas que mostram mais explicitamente seus dotes femininos que tanto causam impacto aos olhos masculinos. São objeto de desejo sexual, sabem muito bem o que estão fazendo, gostam de humilhar os moços e atingem seus objetivos com enorme facilidade. As menos atraentes sentem-se muito diminuídas perante as mais atraentes e também humilhadas pela falta de entusiasmo dos rapazes em relação a elas.

É interessante registrar que essa fase da vida privilegia especialmente aqueles que são mais imaturos. Tanto as moças mais ousadas e exibidas como os rapazes mais invasivos e ativos no processo de sedução são melhor sucedidos do que aqueles recatados e discretos. Ter sucesso com o sexo oposto é o sonho maior de todo adolescente, de modo que são graves as conseqüências dessa observação, já que nossas vivências dessa época reforçam uma tendência para a perpetuação da imaturidade emocional, além de causar maior confusão acerca dos valores a serem respeitados e dos caminhos a serem seguidos.

Com o passar dos anos e o estabelecimento de elos sentimentais mais estáveis, tudo tende a se complicar mais ainda. Sim, porque as outras diferenças entram em jogo e determinam novos fatores de irritação, humilhação recíproca e desejo de dominação. Assim, o sexo, oficialmente parte integrante do fenômeno amoroso, está mesmo é associado, por todos os lados, com discórdia, irritações recíprocas, humilhações, tentativas de sujeição e com jogos de poder de todo tipo. A meu ver, parece totalmente desnecessário buscarmos uma explicação para o sadomasoquismo – prática sexual na qual a violência física, a humilhação e a dor causam a excitação. Ela decorre de tudo o que descrevi até agora e só adquire um caráter mais explícito do que o observado na maior parte das práticas eróticas entre os casais – sendo fato que os que chamamos de normais também se excitam e gostam de moderadas manifestações de violência ou humilhação na hora do sexo.

Considero razoável pensarmos que nossa sexualidade está associada com a raiva e a agressividade presentes em quase todos nós. A intensidade dessa aliança é variável e acredito que ela é máxima entre homens e mulheres mais imaturos e que, por isso mesmo, toleraram mal as frustrações associadas à condição de cada um dos gêneros – já que ambos podem se sentir frustrados, ainda que por razões diferentes. Os mais imaturos e ressentidos são os que têm posturas sexuais mais explícitas e aparentemente mais intensas. É óbvio que acabam por influir sobre o comportamento dos outros jovens mais delicados, mas que também gostariam de ser tão bem-sucedidos quanto eles. Ainda que sejam portadores de menor agressividade, tendem a se comportar como os mais magoados. Isto em virtude do sucesso deles e por também serem portadores de algumas mágoas derivadas das humilhações a que estiveram submetidos.

As moças mais maduras também se conscientizam de que são portadoras de poder sobre os homens. Podem achar que seu poder é menor do que o daquelas mais exibidas, já que não se atrevem tanto quanto elas. Sentem-se limitadas tanto por falta de coragem como por terem dúvidas de natureza moral – é legítimo provocar um rapaz e depois recusar sua aproximação? Talvez exerçam seu poder de um modo não tão diretamente agressivo. No entanto, não conseguem abrir mão totalmente dos prazeres relacionados com o exibir-se e atrair olhares de admiração e desejo. Não pretendem agredir, mas o simples exercício da sensualidade já determina sensações de humilhação em muitos rapazes. Mesmo que não usem diretamente o poder sensual para obter privilégios e regalias, o farão de forma mais recatada e inconstante. É praticamente impossível ser portador de um poder assim relevante e ter a força moral de jamais usá-lo!

Em quase todas as situações sexuais encontramos, pois, o embrião dos ingredientes agressivos relacionados com a inveja, o poder e a humilhação. Até mesmo aqueles que não gostariam de vivenciar essa associação podem ser obrigados a detectá-la em alguns dos seus comportamentos. Aqueles que não estabelecerem elos mínimos entre o sexo e a agressividade poderão ter de passar por dificuldades nessa área, uma vez que vivemos uma ordem social na qual ela é regulamentar. Os que não fizeram a associação serão "anormais"; no mínimo serão minorias que terão condutas diferentes e, portanto, difíceis de ser aceitas.

Reflexões desse tipo me fazem pensar que a questão sexual em nossa espécie está muito longe da sua resolução. Não consigo compreender como é que as pessoas em geral e os profissionais de psicologia em particular deram-se por satisfeitos com o pouco que fomos capazes de avançar ao longo das últimas décadas. O entendimento acurado desses elementos – e de tantos outros que ainda desconhecemos – é que poderá nos levar a um melhor relacionamento entre os sexos e talvez venha a nos ajudar a diminuir as dramáticas tensões que existem entre as pessoas do mesmo sexo. Aliás, todas essas tensões entre os seres humanos só têm crescido, de sorte que devemos estar desgovernados ou, pior ainda, andando na direção do abismo.

6
UMA "HISTÓRIA" DAS RELAÇÕES ENTRE OS SEXOS

Gostaria muito de saber como as diferenças biológicas entre os sexos, tanto as de natureza anatômica quanto as fisiológicas, foram, ao longo do tempo, influenciando o modo como se estabeleceram as relações entre os homens e as mulheres e, depois, na vida social como um todo. Não sei se será possível um dia termos acesso ao que efetivamente aconteceu. Por hora, só posso especular a partir de um esforço de tentar entender o que está por trás do manto civilizatório que nos recobre. Há mais de dez anos venho tentando fazer essa "reconstrução" de uma forma livre, não preocupado com qualquer espécie de rigor. Considero o que vou descrever como uma série de conjecturas acerca do que pode ter acontecido. Minha preocupação não é histórica; apenas gostaria de tentar esboçar um modelo de como pode ter sido o início da vida em sociedade.

A condição masculina na selva primitiva era muito mais confortável do que a feminina. Os homens não tinham qualquer tipo de relação com seus descendentes;

então, a paternidade não representava ônus algum. Por serem fisicamente mais fortes, estavam mais aptos para a caça e para a busca dos alimentos, atividades que exigiam força ou maior agilidade. A vida sexual deles era difusa e independia da boa receptividade das mulheres. Como elas os atiçavam visualmente o tempo todo, eram percebidas como permanentemente receptivas. Caso se recusassem, seriam vítimas de um ataque sexual à revelia, como acontece com o estupro em nossas sociedades[1].

As mulheres, por sua vez, estavam numa condição miserável. Além de totalmente vulneráveis ao assédio de todos os homens que as desejassem, precisavam dar conta de seus filhos, os quais, sabemos, eram dependentes por vários anos. Tinham piores condições de acesso à comida e eram obrigadas, ainda, a encontrar uma quantidade suficiente para si e para as crianças. Surpreendo-me com o fato de termos sido capazes de sobreviver, como espécie, a esse período. Devemos isso à determinação e ao vigor das mulheres e à enorme vitalidade de seus filhos.

Nosso cérebro era utilizado de forma muito rudimentar, uma vez que só pudemos nos beneficiar mais desse equipamento privilegiado depois que soubemos

---

[1]. Já me referi ao fato de que o estuprador parece ser um representante dos tempos pré-civilizados vivendo na atualidade. Ele não se conforma de não ser aceito por uma mulher que o interessa exatamente no momento do seu desejo. Ao ser recusado, usa a superioridade muscular para se impor sexualmente. Por causa da raiva derivada da humilhação de ter sido recusado tenderá a matar aquela que o rejeitou.

usá-lo um pouco melhor, isto é, depois da aquisição de uma linguagem – o que, provavelmente, só aconteceu em um momento posterior ao que estou tentando descrever. Ainda que não pudéssemos contar com o conhecimento acumulado por gerações que nos antecederam, o que depende de um uso mais sofisticado da memória – que depende de símbolos representados pelas palavras conhecidas e que constituem uma língua –, é possível que alguns homens e mulheres fossem aprendendo a partir de suas experiências e fossem capazes de fazer uso do conhecimento acumulado para melhorar suas condições pessoais de vida. Por causa da falta de linguagem, não conseguiam registrar o que aprendiam e tudo se perdia com a morte deles. É provável que existisse, pois, um certo saber individual que não conseguia se transformar em coletivo, transferível de uma pessoa à outra.

Não é impossível que algumas mulheres tenham se apercebido do fato de que despertavam um forte interesse sexual nos homens, que elas mesmas não sentiam. Suponho que algumas tenham até entendido, sempre de um modo muito rudimentar e não-verbal, que, ao se submeterem sexualmente a eles e ao agradá-los nesse aspecto de uma forma especial, provocavam-lhes certa dependência para que eles não se afastassem delas. A proximidade deveria redundar em algumas facilidades para as mulheres – e para suas crianças –, que poderiam se alimentar com o fruto da caça ou de alguma coleta. Quanto mais se beneficiavam mais se interessavam em se submeter sexualmente a eles. Não é impossível que tenham se apercebido de que a submissão sexual correspondia a certo tipo de dominação.

Acredito que, ao menos em parte, o que alguns autores chamam de masoquismo essencial das mulheres tenha a ver com resíduos desses tempos nos quais elas se submetiam, se humilhavam e eram vítimas de violências físicas, mas que, por causa disso, atrelavam os homens a elas, tornando-os, de alguma forma, seus dependentes. Portanto, devem ter se apercebido da existência de um poder que deriva de se deixar subjugar. Sim, porque aquele que subjuga se torna dependente dos prazeres que daí extrai. Esse talvez tenha sido o primeiro instante em que as mulheres vieram a ter algum tipo de poder – ainda que por via indireta, ou seja, o poder que deriva de se deixar dominar.

À medida que os homens foram se tornando dependentes de determinadas mulheres, passaram a querer afastá-las dos outros homens. Pode ser que, na época das cavernas, as tenham puxado pelos cabelos para dentro de suas "casas" – será que elas foram mesmo de má vontade? A partir daí, começaram a protegê-las contra o assédio sexual e a ter um comportamento muito conveniente do ponto de vista feminino. As mulheres que nessa época foram capazes de envolver sexualmente um homem, talvez as primeiras que poderiam com propriedade ser chamadas de "mulheres fatais", passavam a ser dominadas por ele que, ao mesmo tempo, as protegia contra os outros. Estes homens, agora acoplados cada um a uma mulher, traziam-lhes alimentos, eram os que as fecundavam e que, pelo convívio, se apegavam aos filhos. Grandes benefícios para a condição feminina!

A partir desse ponto, é provável que o número de crianças que conseguiu chegar à vida adulta tenha crescido muitíssimo. A população de humanos deve ter começado a crescer de maneira intensa, e estavam criadas as condições para o estabelecimento dos primórdios de uma vida social na qual os núcleos constituídos por um homem, uma mulher e seus filhos pudessem vir a se relacionar de forma regulamentada com núcleos similares. Não me parece impossível que o estabelecimento de algum tipo de linguagem e, principalmente, a transmissão do conhecimento adquirido de uma geração à seguinte tenham acontecido por volta desse momento.

Assim, podemos supor que o início da vida social tenha dependido da dominação de cada mulher por um homem; então, a submissão feminina corresponde, de fato, à conquista de uma condição mais favorável do que a original e já portadora de certo poder. Acredito mesmo que a vida social seja, por essa via, uma criação feminina e que tenha respondido aos interesses de sobrevivência delas e de sua prole. O homem que subjugava uma mulher passava a protegê-la sexualmente contra todos os outros e trazia os alimentos necessários para a sobrevivência deles e de seus filhos. Nada mal para elas que, até há pouco tempo, estavam abandonadas à sua própria sorte.

Acontecimentos desse tipo devem estar na raiz da característica da nossa sexualidade, presente com alguma intensidade em quase todos nós (homens e mulheres), qual seja, a de nos excitarmos em uma condição de sujeição que, em outros aspectos da vida, evitamos a qualquer custo. Trata-se de um dos ingredientes mais intrigantes da psicologia humana. A percepção de que aquele que subjuga vai se tornando dependente do subjugado acaba por determinar um importante prazer em ser subjugado. O prazer aqui tem relação com o poder, e este se exercia inicialmente, mais do que tudo, na situação sexual propriamente dita, na qual se estabelece uma associação de determinadas posições assumidas durante a cópula com o poder. É poderoso aquele que está humilhando, sendo fato que a humilhação que se dá nas condições sexuais determina a excitação do humilhado. Portanto, excitação sexual, poder e humilhação associam-se de uma forma intrincada e que se complica ainda mais quando pensamos que a humilhação determina a raiva daquele que nos impõe tal sofrimento. Assim, estabelece-se a dramática associação entre humilhação, raiva e excitação sexual, tudo isso num clima em que um exerce algum tipo de poder sobre o outro.

Componentes como esses que acabo de descrever parece que sempre fizeram parte do contexto das relações estáveis entre um homem e uma mulher. Elas foram consolidadas e regulamentadas a partir da vida social, de sorte que os parceiros passaram a ser escolhidos de acordo com normas específicas de cada grupo. É recentíssimo o direito de os próprios jovens serem os responsáveis pela escolha das parcerias fixas de caráter matrimonial. Como regra, as alianças eram regidas por interesses gerais e estavam a serviço da preservação da estabilidade de cada grupo e da perpetuação de privilégios de subgrupos. Outras relações eróticas, caso existissem, teriam de ser clandestinas e governadas por normas totalmente diferentes.

A mulher continuava proibida de recusar a abordagem sexual do seu marido, a quem devia obediência em troca dos cuidados que este deveria ter para com ela e os filhos. O poder dele era imediato e direto, ao passo que ela o dominava por meio do ato de se deixar dominar e de encantá-lo por causa disso. Oficialmente, as relações sexuais deveriam se restringir a esse contexto, sendo verdade que, entre os humanos, sempre que se estabelece uma proibição se dá início à montagem de estratégias que conduzirão à transgressão e ao fortalecimento do desejo de burlar aquela limitação. As proibições entre nós sempre determinam um aumento do desejo. É importante reafirmar que o desejo sexual masculino – motivado pela estimulação visual – não acompanha os sentimentos afetivos e muito menos as regras estabelecidas por determinada sociedade. Assim, um homem casado com uma mulher não deixa de sentir desejo pelas outras.

O acesso de um homem a qualquer outra mulher que não sua esposa dependerá da anuência dela! Sim, porque ela irá aceitar uma intimidade que deverá ser escondida do seu marido, a quem não pode se recusar e que tem o direito – ou o dever – de afastar os outros homens dela. Ela terá de se tornar cúmplice do outro homem para que ambos possam burlar a vigilância do marido. É a primeira situação na qual um homem passa a depender do aval da mulher para se aproximar sexualmente dela, que é desejada e sabe disso. Para tanto, terá de "conquistar" o seu interesse por ele, já que ela não o deseja visualmente como é desejada. O poder sensual feminino é exercido explicitamente pela primeira vez. O homem, ao tornar-se escravo desse desejo, passa a sentir, ao mesmo tempo, raiva da mulher. Raiva esta que deriva da existência de uma condição na qual, quem sabe pela primeira vez, a posição superior é a dela.[2]

Começam a surgir de forma mais dramática as desigualdades entre os humanos; a primeira delas diz respeito à aparência física das mulheres. As muito bonitas são mais cobiçadas do que aquelas que atraem menos os olhares masculinos, de modo que passamos a observar também a inveja relacionada com temas eróticos entre pessoas do mesmo sexo. Com isso, os elementos de natureza agressiva passam a ocupar um espaço crescente no seio dos grupos sociais, ainda que, por vezes, da forma sutil e indireta característica da inveja. Aquilo que inicialmente era apenas diferença, desprovido da sensação de que um modo de ser é superior e outro inferior, vai cada vez mais sendo visto e tratado como desigualdade, pois há alguém que é superior e invejado e um outro que é inferior e sente a hostilidade invejosa.

À medida que as mais belas percebem que atraem um enorme número de homens, tornam-se conscientes de que têm direito de escolher aquele – ou aqueles – que mais lhes causa(m) impacto. No passado, esse contexto existia especialmente no universo das relações extraconjugais, uma vez que os casamentos eram regidos

---

2. O homem passará a sentir inveja da condição feminina, fato absolutamente inexistente nos primeiros tempos, sendo o surgimento da inveja o melhor indicador de que a posição das mulheres no seio daquela comunidade melhorou, e muito!

por normas de outra natureza. Hoje, esse contexto está presente no processo de escolha dos parceiros ditos sentimentais e sexuais em todas as faixas etárias e determina inclusive a escolha do cônjuge. Assim, as mais atraentes passam a dispor de um grande poder, uma vez que causam um impacto por vezes hipnótico sobre muitos homens. Àqueles fascinados não resta outra alternativa senão tratar de saber o que elas esperam que eles sejam e o que devem possuir para agradá-las e aumentar as chances de serem escolhidos.

Como o interesse das mulheres pelos homens não sofre tanta influência pela aparência física – naturalmente uma boa aparência é uma virtude e na mocidade pode valer bastante –, elas podem avaliá-los melhor, antes de fazerem suas escolhas, e pesquisar com mais vagar e atenção todas as peculiaridades dos homens antes de se deixarem impressionar pelo fato de estarem sendo desejadas por eles. Sim, porque as mulheres se excitam ao se perceber desejadas, o que é particularmente verdadeiro quando o são por aqueles que elas mais admiram. Depois de se excitarem em função do desejo que despertam, perdem parte dos seus poderes e ficam numa condição similar à dos homens[3].

---

3. Talvez seja essa a principal razão pela qual aquelas mulheres que desejam instrumentalizar totalmente seus dotes sensuais tenham de inibir completamente toda a sua capacidade de se excitar. Serão muito atraentes, mas não poderão responder de forma adequada nem mesmo quando estimuladas diretamente, uma vez que reprimiram todo o tipo de resposta erótica para nunca perderem o controle da situação. Certamente, pagam um preço muito alto pelo exercício desse tipo de poder. A moeda de paga é a renúncia ao prazer sexual propriamente dito.

Assim, o interesse das mulheres pelos homens costuma ser muito mais sofisticado e racional do que o interesse inicial masculino. Sentirão o encantamento pelos que possuírem as virtudes que elas admiram e que podem ser variadas: a inteligência, o senso de humor, a boa índole, as posições social e econômica, a competência esportiva e mesmo a beleza física. Admirar a beleza física de um homem é diferente de sentir um desejo visual irresistível que a impulsionaria em direção a ele – que é o que acontece com os homens[4].

Não há como não ver: a partir do momento em que os homens necessitam da aceitação feminina para a abordagem sexual – antes só nas situações extraconjugais e agora em todas as circunstâncias –, quem dita as normas de valor são elas. Eles têm de estar de acordo com o que as mulheres admiram, já que costumam querer, acima de tudo, ter sucesso na abordagem delas. Assim, se admiram os vencedores, eles farão de tudo para ser um deles. Sem dúvida, isso amplia ainda mais tendências agressivas e competitivas já existentes entre os homens. E se hoje estamos vivendo uma época assim violenta, em que as pessoas abrem mão de qualquer valor ético para atingir algum sucesso, é porque sem isso eles não poderão pretender nem sequer se aproximar das mais belas – que são pretendidas por

---

4. Devo insistir nesse aspecto porque sei as dificuldades que temos em entender processos diferentes daqueles que acontecem conosco. Já me referi ao fato de as mulheres, hoje em dia, ter o costume até mesmo usar as mesmas expressões que os homens e dizer: "Aquele cara é um tesão!" Não sentirão, por certo, a mesma inquietação no baixo-ventre que os homens ao dizerem isso.

quase todos. Querem ser vistos ao lado das mais lindas e até se casar com uma delas. São poucas, e então disputarão entre si para ver qual deles terá o "privilégio" de possuir uma das assim tão disputadas.

Não é à toa que, ao longo dos séculos anteriores, trataram de excluí-las das posições relevantes no mundo do trabalho e nas funções relativas à vida pública. Já lhes pertencia o poder sensual e tinham, além disso, inteligência equivalente à deles. Assim, deveriam ser impedidas de competir na área do trabalho para que os poderes econômico e político permanecessem masculinos. Caso contrário, não poderia deixar de acontecer aquilo que presenciamos atualmente: homens perdendo espaço no mercado de trabalho e cada vez mais inibidos diante das mulheres, agora detentoras também de um crescente poder econômico e possuidoras de um destaque profissional e social que se soma ao que já possuíam e que depende da beleza e do poder sensual.

Não há como negar que quando estas comportas se abriram e as mulheres puderam participar do espaço público em uma condição de quase igualdade com a dos homens, elas completaram um ciclo de avanços e conquistas que havia sido iniciado na Idade da Pedra, quando cada uma delas conseguiu ser subjugada por um único homem – que a defendia dos demais –, em vez de estarem submetidas ao desejo e à tirania de todos. Os homens, perdedores nessa guerra dos sexos, estão acuados e, no desespero, tentam de tudo, até mesmo despertar o desejo visual feminino por meio de uma dedicação enorme ao aprimoramento físico tão em moda nos dias de hoje. Elas até que estimulam tais práticas, mas, no fundo, sabem que não é esse o caminho da libertação masculina. Não é de se esperar que apontem o caminho de como os homens irão se livrar dos seus encantos e poderes que souberam acumular graças ao bom uso que fizeram de suas potencialidades físicas e intelectuais. Não são os opressores que libertam os oprimidos. Aliás, elas conseguiram se emancipar apesar dos homens, e não graças à ajuda deles!

É verdade que a maior parte da produção cultural ao longo dos milênios de civilização foi realizada pelos homens. Nem por isso pode-se dizer, de acordo com o meu modo de pensar, que se trata de uma cultura fundada apenas em valores masculinos, já que muito do que foi feito teve a intenção de impressionar e encantar as mulheres. É como se tivessem se dedicado basicamente ao que elas valorizavam e queriam, uma vez que o que eles sempre quiseram mesmo era elas. Não sei nem sequer se valorizavam as conquistas masculinas propriamente ditas ou, mais do que tudo, o fato de o homem ser um vencedor, de quem elas sentissem orgulho de estar ao lado. As facetas da vaidade humana são muito sofisticadas e intrincadas, e trataremos do tema com mais vagar em breve.

Da mesma forma que acaba se estabelecendo uma importante disputa entre as mulheres em função da beleza e de quem tem mais sucesso com o sexo oposto, os homens também competem muito entre si – talvez mais do que elas, uma vez que sua agressividade é maior e a disputa se alimenta muito desse ingrediente; competem a princípio pelo acesso às mais atraentes. Essa competição estende-se rapidamente para os temas valorizados por elas e que o são também por determinada cultura. De um ponto em diante, eles estarão competindo entre si mesmo que não estejam mais interessados nas mulheres: esqueceram as razões iniciais que os levaram à disputa e agora, em virtude de não conseguirem se sentir por baixo sem experimentar o sentimento doloroso de humilhação, brigam por qualquer coisa.

A presente situação é de competição máxima tanto dos homens entre si como das mulheres entre si, e também entre os sexos. Elas tentam ser muito atraentes, além de competentes e destacadas no trabalho. Eles procuram manter a supremacia profissional e encontram dificuldades crescentes, de modo que nem sempre conseguem atingir esse objetivo. Muitos têm se empenhado em aprimorar a aparência física com o propósito de tentar neutralizar o poder sensual feminino por meio da criação de um poder sensual masculino. Trabalham muito e ainda gastam um tempo considerável em academias de ginástica. Fazem lipoesculturas e aprimoram, ao máximo, toda e qualquer técnica de sedução, seja de natureza verbal, seja mostrando força, beleza, poder, dinheiro etc. Não restam dúvidas de que as prendas visíveis estão mais valorizadas do que as peculiaridades da alma das pessoas. Mulheres menos dotadas fisicamente procuram se destacar mais por meio do sucesso profissional, o que acontece com os homens mais tímidos ou menos belos. Todos – homens e mulheres – sentem-se inseguros, ameaçados de perder seus atuais poderes. Temos vivido um clima péssimo, no qual os sentimentos de inferioridade só têm se exacerbado.

7
COMO A ASSOCIAÇÃO ENTRE SEXO E AGRESSIVIDADE SE TRANSFERE DE UMA GERAÇÃO PARA OUTRA

Fica claro que o fator predisponente da associação entre o sexo e os fenômenos agressivos corresponde à inveja, reação agressiva derivada da humilhação por nos sentirmos inferiorizados em decorrência de algum tipo de comparação que, segundo nosso juízo, nos desfavorece. É evidente que aquele que é o objeto da comparação pode não pensar da mesma forma e também se sentir o perdedor. Estaremos diante da curiosa – e não rara – condição em que a inveja será recíproca.

Penso que esse é o caso de muitos homens e mulheres, ambos revoltados com sua condição e predispostos a agir de modo agressivo para com o sexo oposto. A hostilidade irá se manifestar em todas as áreas, sendo óbvio que o sexo não será poupado – ao contrário, será palco de violências importantes. Como oficialmente nossa sexualidade está acoplada ao amor, as atitudes que expressam agressividade deverão se dar de maneira sutil, indireta, como se fossem apenas brincadeiras inconseqüentes. É o caso das discretas manifestações de violência física associadas às trocas de carícias e ao uso de palavras grosseiras durante o ato sexual. Elas fazem parte do cotidiano sexual de quase todos os casais que têm intimidade suficiente para se expressar de forma mais livre.

Se na prática das relações sexuais a violência aparece um tanto disfarçada, ela se manifesta de maneira mais óbvia durante os procedimentos relacionados com o jogo de sedução, em que a mulher usa seus dotes físicos de forma exuberante apenas com um objetivo: provocar os homens. Estes usarão outros recursos para despertar o interesse feminino e tenderão a rejeitar aquelas mulheres com as quais já tiveram relações e que já ficaram encantadas por eles. Essa será a vingança masculina e terá por finalidade a inversão dos movimentos anteriores: agora são as mulheres quem deverão correr atrás deles.

É importante tentarmos entender todos os passos pelos quais esses comportamentos hostis entre os sexos são transmitidos de uma geração a outra. É preciso saber qual o compromisso das regras que seguimos para educar nossos filhos com a guerra entre os sexos e o que poderemos fazer para atenuar o problema nas gerações futuras. O projeto não é simples e nem deve ser encarado com ingenuidade, já que são muitos os ingredientes biológicos envolvidos no processo. Por outro lado, as normas culturais que construímos sobre essa base biológica são muito relevantes e podem reforçar ou se opor à biologia. Quando a cultura reforça a biologia, temos um resultado bastante diferente daquele que obteríamos se a ela nos opuséssemos. Certamente essa oposição gera uma tensão de caráter permanente, o que não é grave se o resultado final for compensador. As manifestações iniciais da sexualidade, que acontecem, no meu modo de entender, no fim do primeiro ano de vida, têm a ver com a descoberta das zonas erógenas; os bebês descobrem que o toque em determinadas partes do corpo determina o surgimento de uma sensação de inquietação percebida como muito agradável. O prazer derivado da manipulação destas zonas é responsável pela tendência à repetição dos atos e corresponde a manifestações auto-eróticas de caráter masturbatório. A criancinha está olhando apenas para si mesma e não usa nenhum estímulo externo para essas práticas, que foram aprendidas espontaneamente.

A dramática descoberta sobre as diferenças anatômicas próprias das zonas erógenas – importantíssimas, já que são fonte de prazer – só acontece cerca de um ano depois, quando percebem que o pai, portador do pênis, se caracteriza por determinados tipos de condutas, enquanto a mãe age de outro modo. Aos poucos descobrem que existe todo um conjunto de procedimentos que distinguem a prática adulta dos que têm pênis daqueles que não o possuem. Descobrem que fazem parte de um dos grupos, o que explica algumas peculiaridades que já estavam presentes e que podiam ser detectadas pelo modo como eram tratadas por seus pais, avós e outros adultos, bem como pelo corte de seus cabelos, tipo de roupa que usavam etc. Explica, ainda, determinadas diferenças já observáveis naquele momento e definia inúmeras outras que farão parte do futuro de cada uma das crianças. É como se a maior parte das peculiaridades do destino delas dependesse da diferença na anatomia das zonas erógenas. Assim, as diferenças nesta que é uma importante fonte de prazer adquirem um peso dramático e fundamental.

A diferença é anatômica, mas uma boa parte do que foi construído a partir dela é obra nossa. É fato que as mulheres costumam ser um pouco mais frágeis fisicamente e que cabe a elas a função reprodutora, o que determina variações hormonais mais freqüentes e relevantes do que as que acontecem entre os homens. Mas isso não implicaria a exclusão delas dos papéis importantes para a vida social, já que, do ponto de vista intelectual, inexistem diferenças. As atividades domésticas não teriam de ser executadas apenas por elas e nem seria obrigatória a diferenciação de papéis e de atividades entre machos e fêmeas desde a infância. Não há nada de biológico no fato de os meninos não poderem brincar de boneca e nem as meninas jogar futebol. Nada na nossa biologia determina que as tarefas domésticas sejam femininas e que cuidar de carros seja "coisa de homem".

Todas as construções acerca dos papéis próprios de cada gênero, elaboradas pelas sociedades ao longo dos séculos, mesclam-se às diferenças biológicas, sendo enorme a confusão que isso poderá causar. Muitos dos aspectos culturais podem ser atribuídos à biologia, e os "machistas" tradicionais ainda não se fartaram de escrever sobre a suposta "inferioridade" da mulher. Por outro lado, muitas foram as feministas que, no afã de desfazer esse tipo de engano, subestimaram as diferenças biológicas e passaram a defender a tese da igualdade entre os sexos, o que não corresponde aos fatos. A igualdade de direitos é indiscutível, mas ela não implica igualdade anatomofisiológica. O relevante é compreendermos quais ingredientes culturais determinam uma radicalização e um agravamento das diferenças, menores do que as que costumamos visualizar, mas que do ponto de vista anatômico existem, são indiscutíveis e não devem ser minimizadas.

Assim sendo, as crianças acabam tendo de se familiarizar com o fato de que as diferenças entre os sexos definem muito mais do que a facilidade dos meninos para urinar de pé. Estes são, agem e serão de determinado modo, ao passo que as meninas são, agem e, principalmente, terão de ter certos padrões de comportamento quando crescerem. Vale ressaltar, uma vez mais, que a descoberta da diferença anatômica ganha, pois, uma importância capital, já que interferirá no destino de cada criança. Como nossa cultura ocidental não sabe lidar com diferenças de forma simples, tendemos a tratá-las de forma hierarquizada, o que significa que um dos gêneros será o privilegiado, enquanto o outro será o menos favorecido, o "segundo sexo". Na prática, ao menos até há muito pouco tempo, ser menino era bom e ser menina era ter uma condição secundária.

Seguramente, essa classificação foi feita pelos detentores do poder social, ou seja, pelos homens. Sabemos agora que esse discurso não corresponde obrigatoriamente aos fatos subjetivos dos homens em geral. Todavia, as crianças não têm acesso às complexas razões que os levaram a fazer esse tipo de discurso e as mulheres a serem discretas na sua contestação. A maioria absorve com facilidade o discurso oficial. Os meninos sentem-se privilegiados e consideram a sua maneira de ser, suas atividades e disputas superiores às que são exercidas pelas meninas, que brincam de casinha, com bonecas e, por meio desses jogos, se preparam para bem exercer o seu futuro destino de mães e donas de casa.

Felizmente, tais posturas estão em franca mudança! Mas é bom lembrar que estavam em pleno vigor até há poucas décadas; portanto, ainda estamos cercados por muitos de seus resíduos diretos e indiretos. Entre os indiretos estão as reações a esses padrões tradicionais: os movimentos feministas e as lutas pela igualdade da mulher não terminaram, pois muitas militantes acreditam que não foram atingidos todos os seus objetivos. Reações masculinas geradas pela revolta feminista estão em pauta. Muitas das dificuldades para o funcionamento igualitário da vida social não foram até agora superadas. Por exemplo, é muito difícil para a mulher exercer sua profissão em igualdade de condições com o homem e não se sentir culpada por achar que não está cuidando bem de seus filhos.

Minha impressão, ainda hoje, é que os meninos crescem com certa sensação de superioridade, fazem parte do sexo forte, são os privilegiados pela natureza. Acho que a maioria das meninas pensa e sente que foram eles os beneficiados. As brincadeiras típicas dos meninos continuam sendo muito admiradas pela maior parte das meninas. Talvez isso indique que, mesmo na vida adulta, as mulheres têm achado que a igualdade deverá passar pela equiparação de suas vidas à dos homens – o que é um modo de pensar duvidoso, já que os homens não são tão mais felizes. É fato que muitas são as meninas que não ficaram contentes de saber que pertencem a um gênero menos importante. Atualmente, são menos excluídas do mundo lúdico dos meninos, mas não estão totalmente integradas nele, nem tratadas como "membros titulares". São "agregadas" às brincadeiras masculinas, fazem parte do gênero fisicamente mais frágil e a quem as portas do destino vão ser abertas com maior dificuldade. Muitas prefeririam, até hoje, ter nascido meninos.

A hipótese freudiana de que a inveja entre os sexos deriva da inveja do pênis e que ela nasce essencialmente dessa diferença anatômica, que, aos seus olhos, favorece definitivamente os homens, não pode deixar de ser registrada com enorme ênfase. A genialidade do criador da psicanálise manifesta-se, entre inúmeras outras, em observações dessa ordem. Muitas meninas, notadamente aquelas que não conseguirem desenvolver uma boa tolerância a contrariedades e frustrações, tenderão a construir um universo interior em que sentimentos de hostilidade e anseios de vingança contra os meninos ocupem – e continuarão a ocupar ao longo dos anos – um espaço importante. Na prática, empenham-se em negar as diferenças entre os sexos; não desenvolvem interesse pelas atividades típicas das meninas e só lhes dá prazer fazer parte das atividades masculinas. Muitas vezes, ao tentar se imiscuir nos seus jogos, são rejeitadas, o que agrava ainda mais a hostilidade. Quanto mais elas se interessarem pelas atividades masculinas, mais eles se convencerão de que fazem parte do gênero privilegiado.

Os meninos, que se acreditam seres superiores, tratam com desdém as meninas, o que atiça a revolta e a ira de muitas delas. A hostilidade que provém da mágoa, do modo como são tratadas, não pode se manifestar de forma explícita por causa do medo que deriva da maior competência deles para as situações violentas. As que estão mais conciliadas com sua condição anatômica e com o papel que lhes é destinado – o que depende muito de como se relacionam as mulheres relevantes que as cercam e de como lidam com sua condição – tendem a se afastar dos meninos e a fazer uma vida à parte com suas amigas. As mais invejosas são as que tentam ficar mais próximas dos meninos e são as que eles mais desdenham, o que determina um reforço permanente do processo.

É importante voltar a registrar que o sexo privilegiado – o dos meninos – é exatamente aquele de quem se espera mais coisas; ou seja, o privilégio vem acompanhado de uma grande sensação de superioridade, de algumas poucas regalias e de muitas exigências. Parece até que as normas sociais relativas às diferenças prejudicam os que são privilegiados, já que ser parte desse gênero significa: não poder chorar, ter de ser destemido, avançar em adversários de qualquer tamanho nas disputas físicas e estar muito bem preparado para as grandes batalhas que terão de travar ao longo da vida adulta. Alguns meninos já não gostavam muito de ser parte do seu gênero desde quando descobriram as diferenças – talvez por se identificarem mais com as figuras femininas que os cercavam.

Nessa fase, muitos outros podem se sentir pouco competentes para o pleno exercício da masculinidade, que corresponde a uma condição de maior exigência – isso a partir dos sete, oito anos, e tal pressão relacionada a desempenhos os acompanha ao longo de toda a vida adulta. Os meninos podem, pois, se atrapalhar com sua condição, tanto por não se identificarem com as características mais violentas próprias do seu gênero como por não se sentirem competentes e à altura das exigências que sobre eles recaem. Em síntese, é legítimo cogitarmos a hipótese de que os homens são as maiores vítimas do machismo!

Os problemas relacionados com a compatibilização entre o sexo anatômico de cada criança e o papel social que os membros daquele gênero devem representar crescem à medida que passam os anos de vida. O que era uma simples diferença anatômica entre homens e mulheres transforma-se numa complexa diferenciação de funções que nem sempre são bem recebidas pelo psiquismo da criança. No caso particular dos meninos, além das dificuldades individuais ainda existem os problemas relacionados com a crescente pressão social feita pelos adultos significantes para que eles não se desviem, em nada, do comportamento convencional. Os pais têm pavor que os seus filhos se encaminhem para a direção homossexual. O pavor só se relaciona aos filhos varões, apesar de ser fato indiscutível que metade das meninas gostaria de ser menino.

Talvez tamanho medo se deva ao fato de que, lá no fundo da alma, os adultos sabem que a condição feminina é privilegiada – apesar de o discurso oficial rezar o contrário. As mães também temem pela homossexualidade dos seus filhos varões e não se preocupam com suas filhas que amam brincar com os meninos. O dramático é que o pavor de que os meninos se encaminhem na direção homossexual gera importante reforço das exigências que o meio social faz sobre eles. E a enorme exigência a que estão submetidos pode muito bem ser uma das importantes causas da sensação íntima de incompetência para o pleno exercício da virilidade e conseqüente encaminhamento homossexual. E mais: enquanto não formos capazes de alterar esse procedimento, estaremos reforçando dramaticamente as diferenças entre o modo como educamos os meninos e as meninas, o que está em total desacordo com a expectativa contemporânea determinada pelo feminismo e com o que já podemos antever para os próximos anos: as meninas terão de se preparar para uma vida adulta tão ou mais exigente do que aquela reservada aos meninos.

São muitas as contradições grosseiras que cercam o tema da educação das nossas crianças. Educação sexual é, pois, algo muito mais complexo do que ensinar-lhes como se dão as relações físicas entre homens e mulheres. Estamos longe de saber como encaminhar todos os aspectos envolvidos na questão pedagógica desse e de outros temas. Temos pouca autonomia individual para educar nossos filhos, uma vez que a pressão do meio social e dos veículos de comunicação de massa interferem cada vez mais em nossas casas. Isto significa que teremos de viabilizar soluções que sejam incorporadas ao modo de agir da maioria dos membros de determinada comunidade, o que não é nada fácil. De todo modo, é essencial que nos dediquemos mais à questão da educação das crianças, o que tem de ser tratado com a maior seriedade. Convém que as pessoas pensem muito bem se querem ou não ter filhos e o porquê. Não tem cabimento gerá-los apenas porque "todo mundo tem". O planeta está superpovoado, não existindo, pois, a necessidade da reprodução; ela só deverá ser um fato na vida daquelas que desejam muito tê-los e que estejam conscientes dos prazeres e problemas que isso lhes acarretará.

Os meninos chegam à puberdade com um fardo sobre suas costas: "são o sexo forte". As meninas, ao contrário, frustram-se por serem "o sexo frágil", que também é o inferior. Os meninos se assustam ao se flagrarem sentindo um enorme desejo que os impulsiona em direção às mulheres, enquanto elas se surpreendem pelo fato de passarem a ser tão intensamente desejadas pelos homens. Num primeiro momento, os púberes aceitam aproximações físicas mais adultas com o mesmo descompromisso e irresponsabilidade próprios dos jogos eróticos infantis. As brincadeiras de "médico" e de "papai-mamãe" são substituídas pelo "ficar". Jovens encontram-se em locais públicos; um moço sente-se atraído por uma moça e dá sinais de interesse; ela retribui com um sorriso, ele se aproxima, conversam o mínimo e tratam de se abraçar e de aproximar seus corpos cobertos pelas roupas que não são tiradas. Depois da festa, mal se lembram do nome dos seus parceiros e nada impede que "fiquem" com mais de um em uma mesma festa.

Esse tipo de intimidade fácil e gratificante para rapazes e moças costuma acontecer entre os onze e catorze anos. De repente, esse comportamento se interrompe – e por iniciativa das moças, que decidem não ter mais interesse nessas trocas que "não levam a nada". Surge a idéia de que a intimidade física deve se acoplar a um envolvimento sentimental maior, o qual estaria relacionado a um compromisso que, com o passar dos anos, passa a ser de natureza matrimonial. O momento da interrupção do "ficar" coincide, conforme já descrevi, com a tomada de consciência, por parte das moças, de que elas são detentoras do poder sensual e que estão fazendo mal uso dele; estão permitindo a aproximação tão desejada pelos meninos sem que isso redunde em nenhum benefício para elas, que não o simples prazer sensual imediato. Passam a achar isso pouco. Esperam recompensas maiores, já que se reconhecem como portadoras de prendas muito desejadas que poderão conduzi-las para o atingimento de outros objetivos além daqueles relacionados com o prazer erótico. Descobrem que os homens as desejam intensamente e estarão dispostos a fazer concessões e sacrifícios para poderem se acercar delas e que sua sensualidade pode ser um instrumento a serviço delas.

Acredito que tal percepção é maior em algumas moças do que em outras. Acho que essa tomada de consciência corresponde ao ponto que separa a ingenuidade infantil da percepção de que a vida adulta envolve disputas e é regulada por um jogo de poder antes não suspeitado. Penso que essa é a explicação para a idéia corrente de que as mulheres "amadureceriam" antes dos homens: percebem mais cedo a existência da brutal disputa que envolve os sexos, porque são as favorecidas no jogo, e passam a se comportar de acordo com o que puderam compreender. Assim, o "ficar" ingênuo e singelo deixa de interessar porque elas nada "ganham" com isso. Essa postura racional, e até certo ponto oportunista, é fortemente influenciada pelo fato biológico de que inexiste nas mulheres, como já dito, um período refratário após o estímulo erótico e a descarga orgástica, como acontece com os homens. Por isso, o relacionamento carece de sentido por si mesmo – a não ser que venhamos a considerar o prazer sentido durante as trocas de carícias como o objetivo final da troca de carícias íntimas[1].

Esse ponto é crucial, uma vez que corresponde ao instante em que os homens, ainda moços e inexperientes, podem se machucar de modo a ficar com marcas definitivas. Após a fase do "ficar", em que ainda se sentiam numa situação de quase igualdade, passam a depender da aprovação delas em um sistema de seleção

---

1. Temos sido educados em um sistema de pensamento em que tudo deve ter alguma finalidade, responder à pergunta "para que serve?". O sexo – que "apenas" determina a sensação de prazer e que não leva nem à descarga apaziguante e nem a algum outro objetivo – parece não ser capaz de responder a essa pergunta fundamental. Nos homens, a resposta existe, já que o período refratário que se segue à ejaculação determina total alívio da tensão. Já nas mulheres, a resposta só é encontrada se, por meio do sexo, elas atingirem algum outro objetivo desejado – e que vai desde o romântico até o material, passando pelo prazer que algumas podem ter de sentir que detêm domínio sobre os homens.

que leva em conta um número muito maior de itens. Isto acontece porque elas não estão mais interessadas em aprová-los apenas para "aquela noite". Querem um namorado, alguém ao lado de quem serão vistas e de quem precisam se orgulhar. Os rapazes terão de estar de acordo com os critérios de valor daquelas que tanto os encantam. Eles precisarão ter algum tipo de destaque no seio daquele grupo social se quiserem ser aceitos pelas mais cobiçadas e que serão as mais exigentes, uma vez que podem escolher entre vários pretendentes. Os moços descobrem que, para melhorar sua condição perante elas, terão de se destacar nos esportes, ser estudantes muito bem-sucedidos, extrovertidos, sedutores, fazer-lhes elogios, ter um carro luxuoso e, um dia, ainda, ser ricos e importantes.

Tudo isso que se passa na mente dos rapazes mais aguerridos mescla-se a um enorme rancor. Sentem-se prejudicados: por que precisam fazer tudo isso para encantar as moças, as quais não precisam fazer nada para lhes despertar interesse? Sentem-se também humilhados! O seu desejo mais forte recai nas mais atraentes e cobiçadas pela maioria dos rapazes, com os quais competem, e consideram a posição daquelas mulheres extremamente privilegiada: nada fizeram e já são célebres! Por onde passam, todos olham com admiração e desejo. Têm sua vaidade plenamente satisfeita pelo simples fato de existirem e serem belas. Eles passeiam pelas ruas e não são igualmente notados. Para se destacarem, terão de estar dentro de carros luxuosos ou ser conhecidos por outros méritos pessoais conquistados com sacrifícios e lutas!

A postura dos moços é variada: uns atribuem o pouco sucesso com as mulheres às suas peculiaridades físicas ou intelectuais e, ao se julgarem definitivamente por baixo, tornar-se-ão tímidos e inseguros. Não desenvolverão raiva contra as mulheres, já que atribuem suas dificuldades a si mesmos, às suas limitações. Sentir-se-ão ainda mais inferiorizados perante os rapazes de sua geração pelo fato de não serem competentes na arte da sedução e da conquista. Alguns desenvolvem uma raiva silenciosa em relação às mulheres, raiva que poderá levá-los a dificuldades sexuais de todo tipo. Outros, ainda, se desinteressam por elas. Boa parte deles pertence ao grupo que aprende e sofistica todas as formas de sedução; estes são os que buscam tanto o sucesso nas áreas valorizadas pelas mulheres como no trato direto com elas. Costumam ser os que aparentemente mais gostam das mulheres, mas são os que lhes são mais hostis. Em quase todos os casos, desejo e revolta – humilhação, inveja, raiva e sede de vingança – associam-se de uma forma difícil de vir a ser separada. Nos casos em que a hostilidade inexiste, é comum que o desejo desapareça. É o que acontece quando rapaz e moça tornam-se realmente amigos.

As mais belas e atraentes sentem-se muito bem durante os anos da mocidade. As que cresceram frustradas com a condição feminina reconciliam-se com ela e não raramente são as mais vaidosas e ousadas no modo de exprimir sua sensualidade. A raiva e a inveja que sentiam dos meninos agora poderão ser expressadas de uma forma interessante: provocam-lhes o desejo e depois não permitem a continuidade do interesse que despertaram. Quando acharem conveniente permitir a aproximação física, poderão ou não se liberar sexualmente. Muitas comportam-se de forma menos exuberante na hora das trocas de carícias – o que significa que têm uma resposta menos ardente aos estímulos tácteis provocados pelos seus parceiros –, provocando uma humilhação especial nos homens, que se sentem muito depreciados e incompetentes para agradar às mulheres. Isto acontece de forma muito intensa quando as mulheres são particularmente belas. Não é difícil perceber o quanto usam seus dotes físicos para se vingar das humilhações infantis e devolver em dobro tudo o que sentiram. E lamentavelmente jamais se satisfazem, de modo que a maneira vingativa de exercer a sexualidade se perpetua, para prejuízo delas e dos homens com quem convivem.

Moças bonitas e que cresceram mais conciliadas com seu gênero também se sentem muito envaidecidas e gratificadas com o fato de despertarem o desejo de tantos homens. No início, costumam ser um tanto ingênuas, pois não possuem a hostilidade contra os homens própria das que acabei de citar. Por causa de sua beleza, são muito assediadas e não raramente enganadas por rapazes mais velhos e traquejados na arte da sedução, conquista e posterior rejeição – a vingança masculina usual. Acabam por desenvolver raiva contra aqueles que as enganaram, raiva esta que se generaliza e leva à construção de frases do tipo: "Todos os homens são iguais". Poderão rever sua posição e desenvolver um relacionamento afetivo e sexual positivo caso encontrem parceiros que as tratem com carinho e dignidade – e que, na prática, costumam ser os mais tímidos, inseguros e sem coragem de tomar iniciativas em relação às mais belas.

O que dizer das moças menos atraentes? Muitas desenvolverão grande hostilidade invejosa em relação às mais belas. Sempre é bom ressaltar o fato de que a raiva assim estabelecida poderá facilmente ser acompanhada de interesse sexual. Cria-se, dessa forma, a condição predisponente para o desenvolvimento de um tipo de homossexualidade feminina, na qual mulheres pouco atraentes costumam assumir gestos e posturas masculinas. É claro que isso pode indicar a presença de uma dose de inveja da condição masculina. Entretanto, a hostilidade contra mulheres belas faz delas o objeto principal do seu desejo sexual. Vez por outra, encontramos casais em que uma mulher virilizada está ao lado de uma outra atraente e sensual.

Penso que as mulheres são tão competitivas quanto os homens; apenas o fazem em áreas diferentes. O tradicional é que a disputa entre elas se dê essencialmente no item aparência física e no conseqüente sucesso com os homens. Vivemos um período de mudanças, de sorte que a competição tem se estendido a todas as áreas de atividade, como a que existe entre os homens. Rivalidades, competições e hostilidades invejosas estão em alta, mas amizade, companheirismo, solidariedade etc. estão em vias de extinção – a menos que algo de novo e muito importante esteja por acontecer e influenciar positivamente as relações entre as pessoas.

Muitas das moças menos atraentes tornam-se tímidas e inibidas, como acontece com os rapazes que não se consideram bem-sucedidos no jogo de sedução. Tratam de se dedicar mais aos estudos ou a outras atividades para as quais tenham mais dotes e fogem da disputa sempre que uma situação desse tipo se estabelece. Muitas delas, por se acharem pouco atraentes do ponto de vista físico, aproximam-se dos rapazes como amigas, sempre imaginando que, por essa via, acabarão encontrando um namorado. Sonham mais com uma parceria fixa do que com as aventuras eróticas, uma vez que se consideram perdedoras nessa área. Algumas conseguem atingir seu objetivo e não raramente são esposas dedicadas e atenciosas. Têm pouca raiva em relação aos homens, pois acham que eles tinham razão em não ter grande interesse sexual por elas. Outras, que no início da fase adulta se consideram pouco atraentes, descobrem, com o passar dos anos, que possuem alguns dotes físicos ou mentais que podem fazer delas criaturas muito interessantes e atraentes. Sofisticam-se na arte da sedução e, mesmo não sendo tão bonitas, podem se transformar em mulheres muito bem-sucedidas com os homens. Terão muito prazer nisso e tratarão de se vingar de algumas mulheres em relação às quais possam ter se sentido inferiorizadas. Uma das formas de fazê-lo será seduzir os namorados delas!

A agressividade associada a tais práticas eróticas é óbvia. Não é raro que muitas delas venham a se tornar parceiras sexuais bastante competentes e particularmente exuberantes, capazes de fazer tudo o que as moças mais recatadas não fazem. Conseguem, com isso, um poder adicional e se aprimoram cada vez mais na arte de conquistar, de modo a envolver com muita facilidade os homens pelos quais se interessam. Desenvolvem aptidões muito valorizadas por eles, sabem disso e equilibram as supostas limitações relacionadas com a aparência física.

Assim, por volta dos dezoito aos vinte anos, a grande maioria dos rapazes e das moças já está intensamente contaminada pela associação do sexo à agressividade. Isto se dá pela não-aceitação do próprio gênero e inveja do sexo oposto, pelas inesperadas humilhações da adolescência e pelo fascínio que o jogo de conquista pode determinar em mentes mais competitivas. A agressividade tem, pois, como fonte, a inveja infantil, a humilhação juvenil, além da que deriva do jogo de poder. As pessoas que não convivem com essa associação são a minoria, tidas e tratadas como psiquicamente menos competentes, e é comum virem a desenvolver dificuldades no trato das questões eróticas.

Por mais paradoxal que pareça à primeira vista, as situações não-agressivas atrapalham a prática sexual da maioria das pessoas; são bem-vindas somente para a minoria "desajustada" – desde que não estejam exageradamente traumatizadas por sensações prévias de incompetência, o que também determina dificuldades sexuais. Trata-se, pois, de uma óbvia inversão de valores, na qual os "normais" são os que se comportam sexualmente de uma forma agressiva e os que não constituíram essa associação são tidos como "doentes".

8
COMO A ASSOCIAÇÃO ENTRE SEXO E AGRESSIVIDADE INTERFERE NO FENÔMENO AMOROSO

Nas questões do amor, a associação entre sexo e agressividade irá causar danos enormes e dramáticos em quase todos nós. Sua interferência altamente perniciosa manifesta-se desde a primeira fase do processo: a escolha do objeto do amor. Tenho apontado, ao longo dos anos e em vários trabalhos acerca do amor, a tendência, presente em quase todos nós, a nos encantarmos com pessoas que são bastante diferentes de nós. Tenho afirmado que os relacionamentos assim constituídos costumam ser difíceis, tensos e que, nos tempos atuais, têm duração limitada já que nossa capacidade de fazer concessões tem diminuído; os atritos inevitáveis acabam por conduzir à separação.

Tenho indicado várias causas para explicar esse tipo de escolha nada razoável – apesar de ter sido, ao longo de décadas, defendida como a mais adequada; é exemplo dessa preferência a suposta sabedoria popular que diz: "Dois bicudos não se beijam". A baixa auto-estima, quase universal durante os anos da mocidade e não rara mesmo depois da maturidade, é um dos fatores que influi na escolha de parceiros opostos, já que o amor depende da admiração, e se não tivermos um juízo positivo de nós mesmos não poderemos admirar criaturas que nos sejam semelhantes. O medo do amor interfere muito no processo de escolha entre opostos, uma vez que as diferenças são, no cotidiano, um tanto irritantes e geram um distanciamento que funciona como uma defesa contra a fusão romântica que tanto desejamos e tememos ao mesmo tempo. As qualidades da pessoa escolhida nos atraem e impulsionam na direção da fusão, da perda da identidade e do pavor máximo de sofrimento em caso de ruptura do relacionamento. Os defeitos – que na prática são sinônimos de diferenças – nos fazem retrair e nos afastam da fusão; eles têm, pois, uma função que pode ser indispensável, qual seja, a de nos proteger contra as conseqüências da perigosa entrega amorosa plena.

A associação entre sexo e agressividade corresponde a mais um fator que desempenha um importante papel na gênese desse tipo de encantamento amoroso. É como se o meio social no qual vivemos endossasse essa associação e a promovesse por meio dos ditos populares que nos ensinam que "os opostos se atraem", que devemos ser como "a tampa da panela" para que sejamos completos e bem-sucedidos nos relacionamentos íntimos etc. Tais idéias, que eram difundidas com freqüência e intensidade maior do que nos dias que correm, reforçam os medos relacionados com um envolvimento amoroso mais intenso presentes em todos nós. É comum que nos sintamos sexualmente mais atraídos por criaturas portadoras de peculiaridades muito diferentes das nossas. Quando isto ocorre, sentimos dentro de nós a confirmação da atração maior entre opostos e achamos isso muito natural, porque estamos mergulhados num grupo social que defende esse ponto de vista.

Receamos relacionamentos amorosos muito intensos, que costumam acontecer quando as afinidades predominam sobre as diferenças. Tememos perder nossa identidade e a sensação de felicidade que um encaixe muito bem-sucedido nos provoca. O fato de nos sentirmos sexualmente atraídos reforça nossa tendência a nos aproximarmos sentimentalmente daquelas criaturas com as quais não nos encaixamos muito bem e temos a sensação de estarmos indo na rota certa. Priorizamos o desejo sexual e assim evitamos a situação de fusão que nos provoca medo; e mais, nos sentimos agindo em concordância com a voz corrente, em princípio depositária de uma sabedoria milenar. O forte desejo sexual que sentimos em relação às pessoas com as quais temos grandes diferenças nos ajudam a dissipar nossas dúvidas e nos dão a certeza de que estamos na rota que nos levará a um futuro feliz, apesar da presença de algumas dificuldades no convívio cotidiano.

Sendo verdadeira a tese que estou defendendo, qual seja a de que vivemos numa cultura onde o sexo e a agressividade estão associados, o terrível é que nos sentiremos mais atraídos por aquelas criaturas que nos provocam raiva! O fator de união será de natureza negativa. Um homem pode se sentir atraído por criaturas que ele despreza, o que implicará uma tendência a se vincular a mulheres de uma condição intelectual e social bastante diferente da dele – isto até recentemente era muito comum. Uma mulher de caráter pode se sentir fascinada por um homem absolutamente não confiável e que provoca nela sofrimentos, humilhações e sensações freqüentes de rejeição. Terá raiva dele e poderá ter inveja, caso não esteja muito convicta de suas posturas morais.

A inveja também é raiva. Mas é raiva que deriva da admiração, como o amor. A matriz comum desses dois sentimentos contribui bastante para tornar nebulosa e disfarçada a escolha baseada na raiva. O exemplo mais evidente disso é o daqueles homens que invejam profundamente as mulheres mais atraentes e que mais chamam a atenção. Ao mesmo tempo que são encantados por elas, adorariam estar na condição delas. Envolvem-se sentimentalmente, são fascinados por elas e, ao mesmo tempo, fazem todo o esforço possível para esvaziar seu poder sensual – que tanto os encanta quanto os revolta.

Meninas que invejaram muito a condição masculina durante os anos da infância e que se tornaram mulheres belas e atraentes adoram provocar os homens; sabem o que estão fazendo e qual a repercussão sobre os olhos deles de cada um dos seus gestos e trejeitos. Exibem uma sensualidade capaz de estontear muitos deles, que poderão inclusive se sentir emocionalmente envolvidos. Estes homens ficam bastante frágeis, de modo que poderão facilmente se tornar objeto de manipulação por parte dessas mulheres, as quais podem induzi-los a agir e a viver de acordo com o interesse delas. Homens inteligentes e de boa índole podem se desviar muito de suas convicções por força do desejo de agradar mulheres desse tipo. Aos poucos, desenvolverão muita raiva delas, de modo que o relacionamento será basicamente fundado nesse sentimento.

Podemos considerar aceitável a generalização segundo a qual a associação entre o sexo e a agressividade se dá em função da inveja. Ela poderá estar relacionada às diferenças sexuais propriamente ditas, e aí certos homens invejarão algumas mulheres apenas porque elas pertencem a esse gênero e vice-versa. Ou então a inveja poderá estar relacionada a outras peculiaridades próprias das diferenças existentes entre os membros de cada par que se relaciona. Um tipo de inveja não exclui o outro, de sorte que uma mulher poderá invejar um homem pelo fato de ele ser homem e por ser mais inteligente, mais generoso e mais disciplinado do que ela. Um homem poderá invejar uma mulher apenas porque ela é mulher ou porque, além disso, é mais consistente no aspecto moral, amorosa, mais esforçada, enfim, mais próxima do que ele gostaria de ser.

É sempre importante registrar que a associação entre sexo e agressividade pode se manifestar de forma inversa: nem sempre determinará a exuberância erótica nos relacionamentos. Se uma mulher muito atraente perceber que, ao se recusar à intimidade física, irá magoar profundamente seu parceiro, poderá agir assim exatamente com esse intuito. Um homem poderá vivenciar um bloqueio do desejo ao perceber o quanto isto provoca sentimentos de inferioridade e humilhação na mulher com a qual está se relacionando e a quem deseja, antes de mais nada, agredir. A raiva poderá aumentar o desejo. A inibição do desejo poderá ser uma expressão de raiva naqueles casos em que isso possa maltratar o parceiro.

É interessante notar que a postura de inibição do desejo que se estabelece com o propósito de humilhar o parceiro pode, de um instante para outro, se extinguir e dar lugar à situação inversa. É comum, por exemplo, que uma mulher atraente esteja ligada a um parceiro muito valorizado por possuir propriedades que ela inveja; manifestar desinteresse sexual por ele é uma forma de expressão agressiva e serve para reforçar os sentimentos de inferioridade dele, que, assim rebaixado, pode se sentir com menos coragem para tentar se aproximar de outras mulheres. Se ela porventura souber de algum caso que ele mantém com uma outra e descobrir que, portanto, sua estratégia não está mais sendo eficiente, poderá alterar sua postura de forma repentina e se transformar em uma mulher muito exuberante. Fenômeno parecido poderá ser presenciado quando um homem, desinteressado sexualmente de uma companheira de muitos anos, vivenciar um desejo intenso que foi reativado por força do ciúme. Esse sentimento é altamente afrodisíaco – quando não é inibidor do desejo – porque implica uma situação de competição com alguém do mesmo sexo, mas também por causa da raiva derivada de ele ter se sentido traído.

A aceitação da importância da associação entre o sexo e a agressividade no estabelecimento de relacionamentos entre opostos nos ajuda a entender outra peculiaridade nada incomum: o fato de que tais relações, mesmo ricas em atritos e mágoas, têm certa estabilidade e podem durar vários anos. Se as mágoas forem o afrodisíaco principal, está subentendido que os dois membros de um par assim constituído aceitam a necessidade daquele nível de violência como forma de manter vivo o desejo sexual. Muitos casais vivem às turras, e quando não brigam, desfrutam um rico contato erótico. Sacrificam a intimidade, a amizade e os sentimentos de ternura que poderiam ter com um parceiro mais afim e privilegiam a rica vida erótica que deriva das brigas e da incerteza acerca da lealdade de seus pares. Vivem um clima de guerra intercalado por momentos de intenso erotismo. Talvez por isso tenhamos nos acostumado a falar e a pensar que existem mesmo as "brigas normais nos casais". É como se aceitássemos como necessária certa quantidade de atritos com o intuito de ativar a vida erótica.

Aceitamos como "normal" uma versão atenuada daquela que recriminamos e que, não raro, envolve a violência física. Desenvolvemos uma condescendência duvidosa acerca do modo como devem se tratar os homens e as mulheres que vivem intimamente: não temos uma visão clara dos limites que deveriam ser respeitados. Aceitamos muito mais grosserias de nossos parceiros eróticos do que das outras pessoas. Maridos e mulheres tratam-se pior do que cada um deles trata seus outros parentes, amigos e colegas de trabalho.

Ao sermos capazes de entender a importância da associação entre o sexo e as manifestações agressivas, podemos passar a olhar – sem pena e nem compaixão – para uma mulher de ótimo caráter, gentil, generosa, meiga e dedicada a um marido cafajeste, boêmio, infiel, displicente. Ela é fascinada pela ousadia dele: tem grande inveja de sua capacidade de ser desleal, raiva por ser traída e, por outro lado, se sente muito atraída sexualmente. Por intermédio dele, exerce uma faceta de sua personalidade que ela talvez nem sequer se permita saber da existência. Ao mesmo tempo, pode se achar explorada e um tanto mártir, o que determina certo tipo de excitação sexual relacionado com o masoquismo essencial ao qual já me referi. A mulher inteligente e bem formada poderá preferir um companheiro desleal – e por isso mesmo atraente –, em vez de alguém de caráter similar ao seu, mas que não lhe seja sexualmente excitante. Homens muito delicados são, por vezes, menos agressivos na abordagem sexual, o que pode ser sentido por elas como a ausência de um desejo intenso. Muitas são as que se excitam ao perceber que despertam um desejo animal no homem; esta é uma hora em que a delicadeza pode atrapalhar – e muito.

Não devemos nos surpreender com o inverso. Muitos homens se excitam demais por terem parceiras exuberantes e nada leais. Excitam-se e se envaidecem ao perceber que os outros homens as cobiçam. Podem até querer que elas saiam mesmo com outros homens, pois isso as torna mais vulgares, desconsideradas, mas também mais excitantes. Realizarão suas fantasias eróticas por intermédio delas, o que lhes provocará a inveja excitante, além de sentirem raiva pela deslealdade – até mesmo quando sugerida por eles. Serão estimulados pelo ciúme e pela disputa com outros homens para ver quem é o mais competente. Terão uma vida sexual rica e em constante renovação. É como se a sua companheira, ao sair com outros homens, se renovasse, se transformasse em uma nova mulher capaz de lhe despertar o desejo tão intenso como aquele das primeiras vezes.

Em fantasia, todos somos um pouco parecidos com os personagens que descrevi. Na hora do sexo, gostamos de desqualificar nossos parceiros, de usar termos vulgares, inclusive palavrões. Muitos querem que suas parceiras usem roupas próprias daquelas que se prostituem. É como se gostássemos de criar um clima de impessoalidade, no qual não há espaço para o amor. E se algo tiver de entrar, que seja relacionado com a agressividade: tapinhas, grosserias, imitação de violência física de todo o tipo, palavras e situações de baixo calão etc. Esta é a solução encontrada por muitos casais que se amam intensamente para que o erotismo flua mais facilmente: por alguns momentos, eles não são o que são um para o outro. Naqueles minutos, ela é uma mulher vulgar e ele, um garanhão de pouco caráter. O sexo ganha a conotação agressiva que está de acordo com as associações a que estivemos todos submetidos e tudo acontece mais intensamente. Logo após o prazer erótico, os amantes se abraçam, se reencontram, como se estivessem voltando aos seus verdadeiros papéis.

Esse recurso – de tentarmos desfazer o clima romântico e de respeito para que o sexo possa se expressar de uma forma mais rica e fácil – está relacionado com o fato de essa manifestação instintiva poder se inibir totalmente no contexto amoroso; não só o sexo está associado à agressividade como parece tender a se extinguir em uma condição sentimental, sobretudo nos homens. Homens apaixonados, que estão admirando muito intensamente suas musas, costumam ser incapazes de conseguir uma ereção. Ficam perplexos quando isso acontece, uma vez que todos nós fomos acostumados a pensar no sexo como parte integrante do amor e não em estreita relação com a agressividade.

Minha convicção é forte, de modo que desde 1977 defendo a idéia de que o sexo e o amor correspondem a fenômenos diferentes. Sempre se soube que o sexo poderia ser exercido de modo isolado de qualquer sentimento afetivo – especialmente no caso dos homens –, mas isso foi tratado como uma das manifestações de um instinto mais amplo e que engloba também o amor. Penso que o amor determina um impulso na direção do retorno à paz e à harmonia que perdemos com o nascimento. Não é impulso na direção da atividade e da vida, como é o caso do sexo; é, isso sim, algo que nos impulsiona para o retorno à condição anterior à vida. Amamos aquela pessoa cuja presença nos provoca a agradável sensação de aconchego que buscamos reaver. O sexo é comprometido com a ação, é excitação, e não aconchego; é pessoal, e o amor é sempre interpessoal.

Nada impede que uma pessoa nos desperte a sensação de aconchego – e seja nosso objeto de amor – e também nos determine o surgimento da excitação e do desejo sexual. Não há como negar que são sensações divergentes e que ternura é bastante diferente de tesão. Não é difícil compreendermos que o clima de ternura associado à fusão romântica esteja em oposição ao clima de tesão, fenômeno individual, mas cuja excitação pode ser desencadeada pela mesma pessoa que nos desperta o amor. Assim, costuma ser necessária a dissociação entre o sexo e o amor, ainda que por alguns minutos. Logo depois da descarga orgástica renasce a onda de ternura que torna agradável o clima de carícias após o sexo, privilégio dos que se amam.

Aqueles homens que não vivenciam o sexo como acoplado a processos agressivos sentem-se muito mais confortáveis no contexto romântico e não raramente têm dificuldades naquelas situações em que o clima de paquera e sedução predominam. São os que gostam de usar palavras de ternura durante o ato sexual e se sentem inibidos se a mulher encaminhar a relação para um clima mais picante. Sabemos que um grande número de mulheres está predisposta a vivenciar bem o sexo no contexto amoroso. Quando os outros obstáculos para o encontro de parceiros afins são ultrapassados e esses homens se encontram com essas mulheres e ambos conseguem estabelecer uma ligação estável, tendem a construir um elo duradouro e gratificante, no qual a intimidade sexual crescente poderá conduzi-los a territórios onde sexo e amor são ativados de modo independente, sem ter de recorrer à desnecessária associação com os fenômenos agressivos.

É comum, notadamente nos anos da mocidade, que a falta de desejo sexual entre pessoas intelectualmente muito afins seja entendido como indício de falta de afinidades físicas, como se as "peles não fossem quimicamente afins". Já afirmei que as criaturas que sentem enorme prazer na companhia um do outro, gostam da forma e do conteúdo das conversas que são entabuladas não costumam sentir a atração sexual própria daquelas situações em que elementos agressivos estimulam o desejo. Consideram que a ausência do interesse sexual implica encaminhar o relacionamento na direção da amizade. Acabam numa situação curiosa, uma vez que têm mais gosto e assunto para conversar com os amigos, apesar de namorarem com pessoas diferentes delas, com as quais brigam muito e pouco conversam. Os amigos sabem mais delas do que os namorados.

Os casamentos que derivam da união entre pessoas diferentes tendem a deixar de ser o mais freqüente. Graças às mudanças de mentalidade que chegaram em decorrência do avanço tecnológico das últimas décadas, as pessoas estão percebendo, cada vez mais claramente, que a vida em comum tem de ser mais parecida com o convívio entre amigos. O casamento tem hoje, mais do que em épocas passadas, a função principal de criar condições agradáveis para o lazer, para as horas de folga. A tradicional divisão de tarefas entre homens e mulheres está em processo de extinção; cada um irá carregar sua cruz e estarão unidos mais do que tudo para os bons momentos, nos quais afinidades são fundamentais.

O ponto que estou querendo atingir é o seguinte: ao compreendermos que a dificuldade sexual aparece em virtude de não estarmos preparados para viver esse impulso de forma isolada e muito menos acoplado a sentimentos de respeito, carinho e ternura não mais nos surpreenderemos com o fato de sentirmos menos desejo por uma pessoa que nos interessa muito do ponto de vista sentimental. Dessa forma, não deveríamos, em hipótese alguma, nos afastar delas, que são justamente aquelas com as quais poderemos estabelecer elos afetivos gratificantes e duradouros. Em outras palavras, deveríamos entender a dificuldade sexual que se manifesta no início de um relacionamento como sinal de que estamos diante de uma pessoa que nos interessa muito e que vale a pena tentarmos refletir e conversar sobre o assunto com o objetivo de ultrapassar esse obstáculo. Deveríamos ficar felizes quando surge algum problema sexual na fase inicial de um relacionamento, já que se trata de um bom indicador de que encontramos alguém por quem poderemos nos encantar!

Assim sendo, talvez o maior obstáculo para que pessoas amigas e que têm muito em comum não consigam ter também alguma intimidade sexual reside no fato de o desejo não aparecer de forma tão espontânea quando não existe o jogo de sedução, o desejo de dominar ou a necessidade de manipular o parceiro. A intimidade física entre amigos terá de ser muito similar ao que acontece no "ficar" dos adolescentes: algo descontraído, descompromissado, desinteressado e sem nenhum intuito que não o prazer derivado das trocas de carícias. Tamanha simplicidade nos espanta, uma vez que não somos nem mesmo capazes de pensar sobre o sexo de forma assim despojada.

Existe um outro obstáculo nada desprezível: se as pessoas se entendem intelectualmente, têm afinidades de caráter suficientes para serem amigas íntimas e se sentem bem com as trocas eróticas, parece que têm de se apaixonar e viver grudadas para sempre. Pode até ser o que desejam, mas é o que mais temem; preferem não arriscar e consideram o interesse sexual menor como um indício de que é preferível manter o relacionamento no plano da amizade. Não creio que seja a melhor solução, mormente nos tempos atuais em que a fusão romântica, mesmo quando desejada, não mais será estabelecida graças ao avanço dos processos de individuação que temos vivenciado por força da nova condição objetiva que temos vivido.

Penso muito acerca do futuro e de onde iremos parar, ainda que involuntariamente, em decorrência de tantos avanços e mudanças no meio que nos cerca. Acho que será cada vez maior o número de pessoas que fará a opção de viver só, especialmente em determinadas condições objetivas de vida – como é o caso daqueles que já foram casados, têm filhos e perceberam que não têm muito interesse em reconstruir um estilo de vida similar ao que foi abandonado. Muitos irão preferir estabelecer relacionamentos íntimos e compromissados com parceiros fixos. Outros tenderão a viver realmente de uma forma solitária, estabelecendo elos de amizade com algumas pessoas – embora não seja comum conhecermos muitas com as quais nos afinamos. Nos casos em que os amigos forem do sexo oposto e com igual disponibilidade, é provável que venham a acontecer as "amizades coloridas".

Essa possibilidade, cogitada já há algumas décadas, sempre encontrou inúmeros obstáculos para sua efetivação, apesar de parecer uma ótima idéia – é mais razoável, ao menos no plano intelectual, ter intimidade física com um amigo do que com um inimigo! Além das dificuldades de ordem sexual já apontadas, existem ainda outros problemas que devem ser considerados; um deles é o fato de que são muitos os homens de má-fé que abordam as mulheres com um discurso adequado a cada época, o qual não corresponde às suas verdadeiras intenções: pretendem apenas conseguir mais uma conquista erótica à qual se seguirá a violenta rejeição. O outro problema é que muitas são as mulheres que também agem de má-fé e aceitam a abordagem descompromissada apenas como forma de iniciar um relacionamento por meio do qual pretendem seduzir e dominar aquele homem para o fim que lhes seja interessante, que tanto pode ser o matrimônio como a obtenção de benefícios materiais ou favores de qualquer natureza.

Não se pode desconsiderar o fato de que tem havido muitas pessoas de boa vontade que se encantam com as novas idéias sem se darem conta de que para poderem viver, segundo elas, terão de conseguir algum desenvolvimento interior a mais do que aquele que já possuem. É o caso, por exemplo, de mulheres que se enganaram imaginando ter condições emocionais para viver um relacionamento sem compromisso e, quando se deram conta, estavam efetivamente envolvidas emocionalmente, prontas para um compromisso sério que não estava previsto acontecer e que pode não corresponder ao estado de espírito do seu parceiro. Aprender a viver o sexo como instinto totalmente destacado da agressividade é um primeiro passo. O seguinte será o de não obrigatoriamente vinculá-lo ao amor. Isto para aquelas pessoas que, tendo decidido viver sozinhas e descompromissadas, não queiram magoar terceiros e nem se furtar aos prazeres eróticos.

É possível que o renascimento, que estamos presenciando, de práticas eróticas mais lúdicas seja uma nova tentativa de realizarmos os sonhos libertários dos anos 1960. É como se estivéssemos retornando, já que chegamos a um lugar muito diferente do que pretendíamos. Voltamos ao ponto de partida e tentamos por uma outra via. Quem sabe dessa vez tenhamos mais maturidade emocional – que certamente faltava naquela ocasião – e consigamos chegar mais perto, na prática, daquilo que fomos capazes de pensar e de sonhar.

9
VAIDADE E AGRESSIVIDADE

Não posso deixar de fazer algumas considerações acerca da questão da vaidade, ingrediente da nossa sexualidade que está por toda a parte e que se envolve em tudo o que somos e fazemos. Tenho registrado insistentemente o meu ponto de vista relacionado à grave negligência da psicologia psicanalítica e das outras correntes que influenciaram as mentes nos últimos cem anos quanto ao estudo dessa nossa peculiaridade fundamental. É confusa e desnecessária a análise do tema sob o nome de narcisismo. A separação clara entre sexo e amor torna esse termo nocivo ao bom entendimento da nossa subjetividade; acho oportuno resgatarmos o conceito tradicional de vaidade que vem sendo objeto de reflexão desde o Eclesiastes, no Velho Testamento – "Vaidade das vaidades, tudo é vaidade".

O prazer que sentimos ao nos exibirmos como seres especiais capazes de atrair olhares de desejo ou admiração é de natureza erótica e não tem nada a ver com o fato de "amarmos" a nós mesmos. Aliás, fosse essa a verdade, não teríamos necessidade de nos exibir, já que estaríamos plenamente realizados em nós mesmos. Além disso, não teríamos nenhum tipo de desejo amoroso, de vontade de nos sentirmos mais completos graças à presença de uma outra pessoa que elegemos como especial. É pela via da vaidade que a sexualidade passa a integrar, de modo importante, todas as instâncias de nossa vida íntima, inclusive as atividades intelectuais.

Na origem, o fenômeno é essencialmente físico. Nos sentimos excitados pelo fato de despertarmos atenção e atrairmos os olhares das pessoas. Gostamos de nos sentir especiais, de nos sobressair. Nos excitamos quando nos percebemos olhados com fascínio e desejo – como acontece particularmente com as mulheres mais belas. Dá prazer sermos reconhecidos, não passarmos desapercebidos no meio da multidão; isto nos faz sentirmos importantes. A sensação de significância é tão agradável que, como regra, estamos dispostos a fazer grandes sacrifícios para conseguirmos algum tipo de destaque. Faremos exercícios físicos, nem sempre agradáveis, e nos alimentaremos de modo comedido por ser bom para a saúde em geral e, inclusive, por criar condições favoráveis ao exibicionismo de nosso corpo. Durante os meses de verão, trataremos de nos empenhar ainda mais, uma vez que teremos de desfilar em trajes sumários. Tentaremos ficar bronzeados, magros, sem gorduras localizadas e nem celulites, tudo com o firme propósito de impressionar as pessoas em geral e as do sexo oposto em particular.

É claro, aos meus olhos, que o prazer erótico de se exibir envolve um importante ingrediente de violência e agressividade. Mesmo quando um homem ou uma mulher exibe apenas o seu corpo bem cuidado – e mesmo quando não se submeteu a nenhum tipo de tratamento clínico ou cirúrgico para aprimorá-lo – sabe que despertará a inveja daqueles que não foram agraciados com tão poucas imperfeições. Mulheres magras e bem cuidadas que se apresentam quase nuas nas praias e em outras áreas públicas sabem perfeitamente o que provocam nas mais gordinhas e menos torneadas. Como regra, sentirão dois tipos de prazer diferentes: despertar a admiração e o desejo dos homens e provocar a inveja das que queriam ser como elas. Gostam de provocar os homens e se sentem superiores àquelas que as invejam.

Ora, provocar a inveja das outras pessoas é impor-lhes sofrimento; ter prazer em se destacar implica instigar dor naquelas que queriam estar no papel de destaque. Gostar de provocar sofrimento desse tipo é fazer uso dos predicados inatos ou adquiridos com a finalidade de magoar terceiros, o que é clara manifestação agressiva. A questão é muito complexa e de difícil resolução, já que a única forma de não magoarmos nossos observadores seria se não chamássemos a atenção por nada, o que, por vezes, consiste em nos anularmos e em escondermos nossas prendas. Quero registrar aqui que há dois tipos de pessoas: as que adoram incitar a inveja dos seus observadores – e que, portanto, exercem esse ingrediente agressivo associado à vaidade de forma consciente e deliberada – e aquelas que, não aceitando a hipótese de se anularem, não vêem outra saída senão se exibirem, apesar dos transtornos que possam estar causando a terceiros. As diferenças de caráter moral que envolvem esses dois grupos serão abordadas logo mais.

As pessoas que apreciam muito provocar a inveja dos observadores – e que, como regra, são as que mais intensamente associaram o sexo à agressividade também nas outras manifestações desse instinto – não se satisfazem apenas em exibir seus belos e bem tratados corpos; gostam de enfeitá-los com objetos de grande valor material, que são acessíveis apenas a uns poucos. Lindas mulheres vestidas com roupas caríssimas e jóias raras despertarão inveja por serem belas, ricas e poderosas. Usufruirão dessa condição privilegiada por deleite e para humilhar os "outros". Homens belos e poderosos farão o mesmo: serão vistos dirigindo carros valiosíssimos e estarão cercados de objetos raros e muito caros. Terão enorme prazer em ser vistos ao lado das mulheres muito bonitas e ricamente adornadas, condição invejadíssima pela maior parte dos outros homens. Desfrutarão de seus privilégios, sentir-se-ão superiores e mais importantes do que os "míseros mortais", além de os rebaixarem – ao menos em sua imaginação.

Não creio que devamos ver de modo distinto aqueles indivíduos que se utilizam do conhecimento que colecionaram com intuitos exibicionistas. Não são poucos os que gostam de aprender porque isso lhes traz conhecimento e informação preciosa, mas porque poderão, em algum momento, utilizar o saber para se exibir e humilhar um interlocutor menos bem informado. O saber, da mesma forma que qualquer outro valor incomum, pode muito estar a serviço do exibicionismo maldoso. O ato de colecionar conhecimento pode parecer mais nobre e digno do que o de colecionar dinheiro; a nobreza manifesta-se mesmo é na forma como utilizamos aquilo que conquistamos, e não no conteúdo do que possuímos a mais.

Nossa vaidade pode ser exercida, ainda, por meio da nossa proximidade daquelas pessoas que são objeto de admiração e que se destacaram por algum feito especial. Quero dizer que muitos são os que se sentem importantes porque são "amigos" do fulano, que é um político influente, um artista notório, um milionário poderoso. Elas sentem um especial prazer em contar para seus conhecidos os momentos de intimidade que tiveram com aqueles que todos gostariam de conhecer. Sentem-se admiradas e importantes porque são próximas de pessoas importantes. Poderão despertar a inveja de alguns porque são bem relacionadas.

Essa condição quase caricatural, pela qual uma pessoa se destaca apenas porque convive com outra tida como especial e poderosa, é a porta de entrada para as reflexões que eu gostaria de fazer na busca incessante que eu tenho feito de encontrarmos soluções mais sofisticadas para a questão da vaidade. Não podemos nos satisfazer apenas com o fato de esse ingrediente erótico estar presente em todos nós e de não termos meios de nos safarmos de sua influência. É preciso tentar entender por que umas pessoas sentem um prazer especial em provocar a inveja dos observadores, já que se trata de um importantíssimo reforço das relações escusas e profundas entre o sexo e a agressividade.

A primeira idéia que me surge é que as pessoas que padecem de maiores sentimentos de inferioridade tenderiam a compensá-los por meio do exibicionismo agressivo. Estariam atenuando suas sensações negativas e se vingando daqueles em relação aos quais tenham se sentido diminuídos, humilhados. Os exemplos relacionados com a aparência física cabem nesse tipo de explicação: pessoas que se acham feias, baixas, gordas, membros de raças tratadas como menos importantes, dentre outras, podem desejar o sucesso em algum setor socialmente valorizado – quase sempre as áreas mais valorizadas são aquelas relacionadas com a riqueza material, com o poder político ou com as glórias artísticas e intelectuais – para neutralizar sensações prévias de humilhação e diminuir aqueles que já lhes provocaram esse tipo de sentimento. Vingam-se por meio do seu sucesso. Moças que, quando crianças, não queriam ser parte do gênero feminino, ao se tornarem adolescentes atraentes vingam-se dos rapazes – em relação aos quais se sentiram inferiorizadas – quando lhes despertam o desejo sexual e não permitem sua aproximação.

Para que os sentimentos de inferioridade possam encontrar esse tipo de resposta agressiva – relacionada com a vingança derivada de humilhações supostas ou reais sofridas no passado –, é necessário que a pessoa não se sinta freada por limitações morais. As que costumam se colocar no lugar das outras e tentam olhar o mundo sob o ponto de vista delas podem se sentir constrangidas ao tentar dar vazão a seus ressentimentos por meio da exibição das glórias que foram capazes de amealhar. Aquelas que, além de olharem para o próprio interesse, levam em conta os direitos e interesses das outras, têm maiores dificuldades para o livre exercício da vaidade, mesmo quando portadoras de sentimentos de inferioridade idênticos aos que podem levar outras ao desejo compulsivo de se exibir e de humilhar os que as cercam. Vivem um dilema interior complexo, já que, além de portadoras da vaidade, gostariam de despertar a admiração e impressionar positivamente seus observadores. O desejo de se exibir entra em choque direto com a questão de ordem moral relacionada com um eventual impacto nocivo sobre os outros, derivado da inveja que o sucesso de qualquer tipo determina.

Quando transgredimos nossos valores de ordem moral sentimos culpa, ou seja, uma sensação de tristeza por nos considerarmos os causadores de algum dano indevido a outra – ou outras – pessoa. Muitas são aquelas que não conseguem exercer o prazer exibicionista em decorrência da culpa que sentem. Não instigam a inveja das pessoas porque sofrem ao lhes causar qualquer tipo de contratempo. Estas pessoas costumam ser as mais discretas, as que não se sentem confortáveis quando são objeto de destaque em virtude de possuírem algo que todos os outros cobiçam. Preferem passar desapercebidas não porque sejam menos vaidosas, mas porque sentem mais culpa – base do nosso freio moral interno.

Não posso deixar de considerar que estamos sujeitos a freios externos. Refiro-me ao medo. Muitos indivíduos, talvez mais supersticiosos, temem a inveja dos outros por acreditarem sinceramente que ela poderá vir a lhes causar danos, lhes trazer resultados negativos nas empreitadas que estão exercendo; preferem esconder seus feitos e, principalmente, aqueles procedimentos que irão culminar em algum novo avanço pessoal ou material. Para eles, se os invejosos souberem, por exemplo, que estão em vias de comprar uma nova casa – mais ampla e bonita –, emanarão "vibrações negativas" que poderão prejudicar as negociações.

Pessoas que se sentem muito próximas de um estado de felicidade e de grande realização pessoal tendem a ter mais medo. Não sabem ao certo as razões, mas é como se o estado de felicidade aumentasse as chances de acontecimentos negativos, particularmente aqueles determinados pela inveja dos humanos ou pela ira dos deuses. Por se sentirem ameaçadas, tendem a se tornar mais discretas no exibicionismo. Não é raro que prefiram mesmo certo distanciamento em relação aos outros, já que não têm forças para enfrentar os perigos derivados dos eventuais efeitos nocivos da inveja. Não é o caso aqui de discutirmos se a inveja pode ou não provocar efeitos nefastos naqueles que são objeto desse sentimento. O que me parece indiscutível é que, independentemente dos eventuais poderes negativos da inveja, nós mesmos tendemos a destruir uma parte de nossas conquistas em decorrência do medo que sentimos em situações de grande satisfação – e que são aquelas em que somos mais invejados.

Portanto, podemos afirmar que têm mais prazer de se exibir e provocar a inveja alheia aqueles que padecem de maiores sentimentos de inferioridade, que não se sentem limitados por freios morais internos e nem estão próximos do estado íntimo de felicidade a ponto de sentirem muito medo dos eventuais efeitos negativos da inveja que despertam. Podemos até mesmo dizer que tais pessoas não temem a inveja que despertam porque no íntimo se sentem tão mal que sabem que estão sendo invejadas indevidamente! Sim, pois são aquelas criaturas mais infelizes as que mais querem provocar a inveja em seus observadores; são as mais rancorosas e agressivas e usam suas conquistas nos setores da vida mais valorizados pela maioria para magoar aqueles que elas invejam. É interessante reforçar o fato de essas pessoas gostarem muito de se destacar segundo os valores em voga. Adoram possuir aquilo que é o sonho de consumo dos seus pares. Não são criativas, pois querem possuir todos os símbolos de sucesso próprios daquele grupo social. Apesar de gostarem tanto de se destacar, elas são iguais entre si.

Não me dou por satisfeito com o que pude descrever até aqui, já que as pessoas bem constituídas moralmente, preocupadas em não magoar seus pares, também possuem vaidade. Como fazer para exercê-la? Há algum meio de nos exibirmos e não provocarmos inveja? Existe algum modo de exercermos a vaidade sem provocarmos sofrimento nos que nos observam e nos admiram? Basta que sejamos movidos por boas intenções – não magoarmos as pessoas – para sermos perdoados e livres para o exercício prazeroso da vaidade?

A vaidade corresponde a um aspecto delicadíssimo de nossa psicologia, e é provável que não exista nenhuma solução perfeita para as questões que ela suscita.

Possivelmente, qualquer tipo de exibicionismo – mesmo quando movido pelas melhores intenções – determina algum incômodo em alguns dos que nos observam. Mesmo quando um marido e pai de família de ótima formação moral estiver apenas ansiando por ser admirado e valorizado por suas conquistas no campo profissional, não é impossível que esteja causando algum desconforto em um filho – ou mesmo na esposa – não tão bem-sucedido. Muitas vezes, nos exibimos apenas porque temos a impressão de que nosso sucesso será a razão da admiração e do amor que queremos receber. Mas, infelizmente, a admiração costuma trazer consigo o embrião da inveja.

 Pessoas boas e preocupadas com seus pares gostam de ser admiradas e, como regra, sentem forte desejo de ser amadas; gostam de despertar o interesse sexual, atrair olhares de aprovação, desejo e anseiam por algum tipo de destaque. Talvez a grande diferença resida no fato de que desejam que este destaque seja merecido e não tenha sido fruto de alguma estratégia moralmente duvidosa. Querem ser admiradas por feitos que efetivamente praticaram e se envergonhariam se fossem aplaudidas por coisas que não fizeram. Buscam glórias legítimas; mas o fato é que também gostam de ter algum tipo de destaque e de ser olhadas com admiração.

 Não é impossível que as glórias merecidas sejam aquelas que despertam mais inveja, especialmente dos que se destacam por força de artimanhas que os fizeram depositários de glórias que não foram os frutos de esforço e inteligência próprios. Muitos são os que se apropriam de feitos alheios e tentam se gabar disso. Eles terão mais inveja dos que se destacam por terem mesmo sido capazes de fazer algo incomum. A inveja que as pessoas de bem provocam nos fraudadores parece-me menos grave e nada dramática. Podemos até mesmo considerá-la uma merecida punição, já que serão vítimas dos sentimentos dolorosos que pretendem provocar naqueles que os cercam.

Indivíduos bem constituídos moralmente não raro padecem de fortes sentimentos de inferioridade, cristalizados ao longo dos anos de formação, e que talvez não tenham conseguido apagar por completo mesmo ao construírem uma forma de viver que lhes satisfaça e gratifique. Tentarão o destaque social como importante atenuador dos sentimentos negativos e de menos valia. Buscarão o destaque no contexto de seus valores éticos, o que vale dizer que não estarão dispostos a fazer concessões indevidas para atingir seus objetivos. Tenderão a se ocupar de atividades tidas como nobres do ponto de vista moral: serão médicos, educadores, sociólogos, filantropos, religiosos etc. Muitos poderão pensar que foram capazes de se livrar quase que totalmente da inveja, uma vez que parecem renunciar a praticamente tudo o que gera glória aqui na Terra. Talvez não se apercebam de que a renúncia dramática aos bens que nos cercam também chama a atenção e é uma forma extrema de vaidade. Sim, porque a renúncia total à vaidade seria a máxima expressão desse sentimento, já que estaríamos ansiando por nos aproximar das divindades, transcendendo dramaticamente a nossa condição.

Nessas pessoas, a intenção primeira em hipótese alguma é provocar a inveja dos observadores. A busca de satisfação íntima por meio do exercício de atividades construtivas e úteis é o motor primeiro. Elas se orgulham de ser criaturas disciplinadas, firmes, objetivas, determinadas e capazes de aprender e usar bem o que conhecem. Gostam e se orgulham de ser boas e úteis. Acabam se destacando em virtude de suas qualidades incomuns. Esbarram no problema da inveja e têm dificuldade de entender por que estão sendo hostilizadas, já que só fazem o bem. Demoram a compreender que suas virtudes poderão despertar a admiração capaz de gerar a afeição e o respeito, que atenuam os sentimentos de inferioridade; mas junto com esses sentimentos positivos costuma vir uma pitada de inveja, que será mínima naquelas que estiverem razoavelmente bem consigo mesmas; será grande e poderá ser a emoção predominante nas que estiverem por baixo, recebendo os favores, ou naquelas que não se reconhecem com forças para comportamentos assim generosos que tanto gostariam de ter.

É possível a mulher bela e atraente não despertar a inveja de outras que não sejam tão bem-dotadas? Como regra, a resposta seria negativa. Devemos registrar a existência de algumas criaturas que parecem estar imunes a esse sentimento. Talvez sejam menos vaidosas ou então menos preocupadas em se comparar, o que seria uma das nossas maiores conquistas. Se antes era quase impossível cogitar a existência de homens que não sentissem a inveja usual diante de mulheres capazes de atrair olhares de admiração e desejo de uma forma que eles não conseguem, hoje em dia é crescente o número dos que começam a entender a diferença biológica como algo que não deve ser objeto de tanta revolta, de modo a poderem apreciar a beleza e a sensualidade feminina sem tanta irritação – e sem tanta compulsão de se aproximar das que causam impacto aos seus olhos.

Algumas mulheres atraentes disfarçam seus dotes com o objetivo de atenuar os sentimentos hostis que provocam quando estão muito exuberantes. Não sei se esse é o caminho ideal, mas demonstram um desejo de não usar a sensualidade como um poder. Estas moças – mais discretas e recatadas – costumam ser mais exuberantes durante as práticas sexuais do que as que adoram se exibir e provocar o desejo – e a inveja – de todos. Optaram por exercer menos os prazeres da vaidade por acharem que valem menos do que os malefícios gerados ao provocarem a inveja. Ainda assim, serão criaturas que terão algum destaque, já que a beleza aparece até mesmo quando se deseja escondê-la. Ao mesmo tempo, estarão dando sinais de serem criaturas moralmente muito mais bem constituídas, já que fica óbvia a preocupação em não magoar terceiros desnecessariamente.

Homens bem-sucedidos, de boa aparência física ou portadores de outros valores que despertam a admiração também poderão exercer sua condição de forma discreta e sutil. Ainda assim, chamarão mais a atenção das outras pessoas do que aqueles menos dotados. Isto não tem jeito e talvez queira dizer que as desigualdades são inevitáveis e insolúveis; porém, podem ser atenuadas, em vez de amplificadas, como reza a postura atual imposta pelos sistemas político e econômico que estimulam a competição e a rivalidade entre as pessoas. Somos animais diferentes e não podemos nos furtar ao fato de termos vaidade e gostarmos de nos destacar. Ao mesmo tempo, somos racionais e podemos perfeitamente estabelecer regras e limites para nossas ações, sobretudo quando sabemos que elas repercutem sobre nossos semelhantes. Insisto em afirmar que a livre expressão da vaidade, em geral, e o livre exibicionismo sexual, em particular, dificilmente serão parte do caminho de construção de uma vida social mais justa e de um estilo de vida mais saudável e gerador de um estado íntimo de bem-estar, condição indispensável para que possamos vivenciar um número crescente de dias felizes.

Assim sendo, temos de saber que mesmo o exibicionismo não intencionalmente agressivo é também agressivo, pois determina a sensação de humilhação naqueles que se comparam e se sentem por baixo. É evidente que serão menos sujeitos a esse tipo de ofensa aqueles que não têm o hábito de gastar boa parte do tempo se comparando com as outras pessoas. Cada vida é única e tem de ser exercida de acordo com suas peculiaridades. Uma sociedade que deseja gerar um clima de cooperação e concórdia não estimula a comparação, a competição e a inveja que a elas se acopla inevitavelmente.

É preciso reconhecermos que a presença inevitável da vaidade, atuante em todos os setores de nossa subjetividade, determina uma forte tendência para o surgimento de comparações, competições e inveja entre os humanos. Como a vaidade é o mais relevante ingrediente de nossa sexualidade, é claro que as relações entre esse instinto e a agressividade podem se estreitar muito em determinados contextos sociais que facilitem e estimulem tal aliança. Não há solução definitiva para nossas questões fundamentais, o que não deve implicar pessimismo ou desistência de buscar saídas melhores do que aquelas que conhecemos. O tema é palpitante e pede criatividade e coragem para que sua abordagem implique algum avanço na nossa qualidade de vida.

Como nossa sexualidade é essencialmente auto-erótica, é possível imaginarmos um modo de ser em que uma pessoa esteja mais voltada para sua própria satisfação e para poder, mais do que tudo, se orgulhar do modo como vive. Uma pessoa assim será um tanto extravagante e, evidentemente, irá chamar a atenção, atrair olhares de admiração dos que a cercam e estará mais centrada em cultivar harmonia e equilíbrio interiores, um modo de vida coerente e consistente com seus pontos de vista – por vezes em oposição ao modo como vive a maioria dos seus pares. Terá como fator de exibicionismo sua coerência interior, a ousadia que determina uma forma pessoal e única de ser. Isto é completamente diferente do que acontece entre aqueles que gostam de se destacar por possuírem muito daquilo que todos anseiam e não podem ter.

Reafirmo o que já coloquei antes: é muito diferente a busca de coerência interior e sentir prazer em se apresentar como tal do que gostar de se destacar por possuir uma propriedade obrigatoriamente escassa. Ainda que hoje poucos ousem viver de um modo próprio, nada impede que essa moda se alastre! É possível imaginarmos uma sociedade em que todos os seus membros busquem um jeito de viver, de se vestir, de morar, de consumir e de aproveitar o tempo de uma forma que lhes seja peculiar. Essa seria uma solução extremamente mais democrática do que a atual, já que não podemos imaginar uma ordem social em que todos os seus membros sejam belos, sensuais, ricos e com acesso ilimitado a todos os bens materiais.

Pessoas ousadas a ponto de tentar escrever uma história individual e única necessitarão de grande desenvolvimento interior para atingir os seus objetivos. Precisarão aprender a conviver bem consigo mesmas e a não se preocupar tanto com a opinião alheia. Ao caminharem por essa estrada, tornar-se-ão cada vez mais livres e despreocupadas em relação ao julgamento que "os outros" farão delas. Sem perceber, aprenderão a atenuar e a controlar a vaidade. Talvez isto determine uma importante energia sexual que poderá ser liberada de forma mais prazerosa, qual seja, a das trocas de carícias entre duas pessoas. Este sim seria, aos meus olhos, um caminho que poderia nos levar a preciosos avanços e à realização do sonho da libertação sexual. Ainda que apenas possamos pressenti-lo no presente momento, nada impede que em breve estejamos chegando lá!

10
COMO DESVINCULAR O SEXO DA AGRESSIVIDADE?

Um dos desafios mais intrigantes da nossa vida individual e social reside, a meu ver, em conseguirmos entender melhor os caminhos por meio dos quais nos modificamos. Temos vivido um período de grandes e rápidas transformações, e talvez essa época seja propícia para avançarmos rumo à compreensão de como elas acontecem. Sabemos que, graças à atividade cerebral, somos capazes de criar inovações que alteram o meio em que vivemos e que teremos de nos adaptar a este meio que nós próprios modificamos. E mais: não costumamos estar conscientes das sutilezas dessa interação pela qual nós mesmos como que nos obrigamos a nos modificar. Não só não dispomos da consciência como também parece que não temos controle relevante sobre o processo, ou seja: não é impossível que uma ação vise a um objetivo determinado e que o resultado seja completamente diverso do pretendido.

Esse último aspecto é o que mais me impressiona e surpreende! Por exemplo, o feminismo surgiu como conseqüência dos avanços tecnológicos que criaram as condições para a igualdade entre os sexos – o surgimento da pílula anticoncepcional, a diminuição da importância da força muscular na maior parte das atividades de trabalho, a criação de equipamentos modernos que simplificaram drasticamente as atividades domésticas, que passam a tomar muito menos tempo etc. As mulheres pleitearam e vêm conseguindo espaço igual nas atividades profissionais e já podemos vislumbrar o fim das discriminações que atribuíam privilégio à condição masculina tanto na vida familiar como nos aspectos da conduta moral. Está próximo o dia em que elas poderão fazer tudo – ou quase – o que os homens fazem.

Até aqui, tudo era previsível. Acontece que o processo não pára por aí, e começam a surgir inesperadas reações por parte dos homens. Inicialmente ficam perplexos e se sentem ameaçados pela nova mulher reivindicadora e que diz não querer ser mais objeto sexual. Assim, os primeiros movimentos geradores de um ciclo de mudanças relativo à forma como iremos nos relacionar derivam dos desdobramentos do avanço tecnológico gerado pela nossa inteligência e que, diga-se de passagem, não são totalmente previsíveis.

Numa segunda fase, surgem novas formas de interação entre as pessoas, que derivam das mudanças já ocorridas nas relações interpessoais. As mulheres entram nesse processo graças às alterações do hábitat e os homens, em virtude das mudanças que ocorreram nas mulheres – com as quais têm de interagir. E as mudanças nos homens poderão gerar a necessidade de novas alterações no modo de ser delas, e assim por diante. Aonde iremos parar passa a ser uma incógnita. Tenho a impressão de que não temos nenhum tipo de controle sobre o processo depois que ele se instala; parece que existe uma tendência pendular em que, no fim, algum tipo de equilíbrio tenderá a ser atingido. Quando isso vier a acontecer, estarão criadas as condições para o surgimento de uma nova era de estabilidade, que virá a ser perturbada por algum novo avanço tecnológico importante.

São grandes as minhas dúvidas acerca de quanto as idéias novas, as doutrinas originais interferem nos processos humanos. Não é impossível que elas possam funcionar da mesma forma que um avanço tecnológico, mormente naqueles casos em que ganham uma dramática propagação – talvez o budismo, o cristianismo e o marxismo sejam exemplos de idéias que influíram – e influem – tanto quanto o surgimento de novos fatos. Não é impossível também que, especialmente no passado, em que os processos eram mais lentos, pensadores tenham sido capazes de influir nas etapas intermediárias do processo dinâmico de mudanças; talvez tenham podido apressar, ou até mesmo determinar, o atingimento de determinado ponto de equilíbrio. Não vejo como isso seja possível na atualidade, em que tenho a sensação de que estamos sempre andando atrás dos fatos, tentando entender o que já aconteceu!

Vários foram os momentos em que senti como desnecessários os esforços que tantos de nós fizemos no sentido da produção intelectual que tinha por objetivo ajudar as pessoas a viver de uma forma mais livre e feliz. Sim, porque a impressão que eu tinha – e que por vezes ainda tenho – era a de que tudo aconteceria de acordo com as ações e reações derivadas das mudanças no hábitat que já estavam em curso e sobre as quais não mais poderíamos influir. Passei a me contentar apenas em descrever e sistematizar o que já estava acontecendo. Agora, penso que já posso antecipar alguns passos do que, provavelmente, irá acontecer, pois a impressão que tenho é a de que compreendo melhor os mecanismos relacionados com as mudanças. Não sei se poderemos interferir muito sobre algum processo fundamental para o futuro emocional da nossa espécie. Porém, não é impossível que o simples fato de pressupormos o que irá acontecer já nos permita algum tipo de posicionamento novo. E mais: que uma nova postura que deriva disso corresponda a um novo fato que também poderá interferir sobre o que irá acontecer. De qualquer forma, mesmo se os esforços forem pouco úteis, duvido que serão nocivos, pois foram gerados num clima de honestidade intelectual e desejo sincero de colaborar para o bem-estar de todos nós.

Dentre as várias reações masculinas ao feminismo, uma tem me chamado especial atenção: o posicionamento dos adolescentes diante do surgimento do desejo sexual desencadeado pela visão. As gerações anteriores de moços sentiam-se compelidas a agir de uma forma ativa e intensa diante do desejo, tínhamos de ir atrás das moças e mostrar o quanto as desejávamos. Esse era um dos requisitos do machismo, algo que dizia respeito à nossa virilidade: homem que é homem tem de sempre estar correndo atrás das mulheres e não perderá nenhuma oportunidade de abordá-las. Hoje, os rapazes vêm tendo uma conduta completamente diferente, já que estão muito mais pacatos e não invasivos. Continuam a sentir o desejo sexual desencadeado pela visão de uma mulher atraente. O novo é que não se sentem obrigados a correr atrás delas!

O fenômeno tem surpreendido as famílias e muitas me incumbiram de atender esses rapazes e tentar saber por que eram assim calmos e até mesmo um tanto passivos. Ao conhecê-los mais intimamente, me familiarizei com o fato de eles não terem nenhum tipo de inibição ou dificuldade sexual. Apenas dizem não ter pressa de se iniciar sexualmente e que estão serenos porque as oportunidades irão "pintar" espontaneamente. Parece que ouviram as reclamações das mulheres, que se diziam aborrecidas por serem tratadas como objeto do desejo sexual dos homens. Pararam de tratá-las dessa forma, e é óbvio que isso gera desdobramentos no comportamento feminino: elas estão mais atiradas e se dedicando intensamente ao aprimoramento da aparência física para ver se recuperam o antigo papel de objeto do desejo – já que, finalmente, parecem ter percebido o quanto gostavam disso.

Como as moças estão tendo posturas mais ativas, é evidente que os rapazes se sentem recompensados por sua passividade. Muitos sentem-se, de certa forma, até desejados sexualmente, o que antes não acontecia. Um contexto desse tipo predispõe para que se ative a vaidade física masculina, de modo que eles passaram a se preocupar mais com os exercícios físicos, os cremes cosméticos e as cirurgias estéticas. Não nego que a beleza física masculina possa ser tratada como um importante fator. Mas não creio que venha a ser tão relevante quanto a das mulheres, já que é forte minha convicção na existência de uma diferença biológica entre os sexos quanto à importância da visão no desencadeamento do desejo sexual. O fato atual é que a aparência física de homens e mulheres parece ter um valor essencial, maior que ou igual à inteligência, ao dinheiro e à posição social; indiscutivelmente, é maior do que as virtudes de caráter, delicadeza, meiguice, isto, é claro, para a maioria das pessoas. Em poucos anos, saberemos como será a nova fórmula que irá estabelecer quais serão os valores masculinos e femininos, o que será admirado e o que será desconsiderado. De todo modo, vivemos um momento em que o equilíbrio tradicional entre os valores – em que a beleza feminina era essencialmente neutralizada pela riqueza e pelo poder social masculino – está em transição para algo diferente.

Aos poucos, sem se dar conta do fato, os homens em geral estão aprendendo a "domesticar" o seu desejo visual, ou seja, estão deixando de ser escravos dele e, o que é mais importante, de se sentir inferiorizados pelo fato de o possuírem e de a recíproca não ser verdadeira. Sim, porque ao não se lançarem na direção das mulheres da forma voraz que o instinto pede, puderam perceber várias coisas, inclusive que elas passam a se sentir um tanto rejeitadas e abandonadas, o que as leva a uma postura ativa de busca de aproximação com eles

– que acaba acontecendo ainda que não derive de um desejo similar ao que determinava a abordagem masculina. A frustração dos homens por não se sentirem desejados igualmente como desejam tende a se atenuar de maneira dramática. Tudo isso, que é de fundamental importância, tem acontecido sem que a maior parte das pessoas nem tenha chegado sequer a um grau razoável de consciência de que existiam enormes frustrações e revoltas nos homens em decorrência da forma como as aproximações entre jovens ocorreram ao longo dos séculos.

Vivemos o limiar de um novo tempo, em que a revolta masculina derivada de sua condição de inferioridade sexual deverá desaparecer, pois os homens, conscientes ou não de que o desejo visual é um fato biológico, estão sendo induzidos a compreender que não são obrigados a exercê-lo da forma humilhante que sempre foi exigida deles. O machismo perde um dos seus patamares mais importantes, já que os rapazes terão muito menos revolta e ressentimento contra as mulheres e se sentirão muito menos obrigados a ter as reações viris tradicionais, o que implica grande alívio de responsabilidade. Um menino de catorze, quinze anos, inseguro e inibido, sentia-se obrigado a se iniciar sexualmente para provar que "era macho"; o fazia com uma prostituta ou com alguma moça de condição social inferior, não raramente arranjada por um irmão mais velho ou pelo próprio pai. Não era uma iniciação sexual – era um vestibular! Não tinha de ter prazer, mas sim desempenhar à altura o que se esperava dele. Nunca tinha visto aquela mulher e provavelmente jamais a veria de novo. Não sei como é que se pôde, algum dia, imaginar a condição masculina como privilegiada!

Dessa forma, creio que novidades importantíssimas estão acontecendo à nossa volta, independentemente de estarmos atentos ou preocupados com as suas conseqüências e seus desdobramentos. Um clima igualitário tem se criado entre os sexos, o que determinará uma dramática alteração na forma como são registradas as diferenças anatômicas que tanto perturbaram as gerações passadas. Meninos e meninas perceberão, desde cedo, que existem dois tipos de pessoas segundo a aparência dos seus órgãos sexuais e que, de alguma forma, o destino delas sofrerá a influência dessas diferenças; notarão, por exemplo, que as meninas poderão ser mães, que os meninos serão mais peludos e um pouco mais altos e fortes. Contudo, não mais presenciarão a dramática diferenciação de papéis previamente atribuídos a cada gênero. Não verão seus pais na sala lendo o jornal ou saindo cedo para o trabalho e nem suas mães em casa, na cozinha, cuidando das "coisas de mulher". Não existirão mais "coisas de homem" e "coisas de mulher".

Os meninos ainda são induzidos a agir de modo mais agressivo e a "não levar desaforos para casa". Pais e mães ainda temem que os mais delicados e não-violentos se transformem em homossexuais e sentem que se isso acontecer será uma grande desgraça. Não percebem que aumentam a chance de que aconteça exatamente o que tanto temem se o menino não-violento não se sentir bem-aceito e respeitado, podendo muito mais facilmente evoluir na direção homossexual do que aquele que, em idênticas condições, for respeitado como é. Penso que falta muito pouco para que meninos e meninas sejam educados do mesmo modo, para que não se exija mais vigor físico dos meninos e mais delicadeza das meninas. Falta pouco para que ambos pratiquem esportes similares, sejam estimulados para ser independentes, se defenderem por seus meios, ser aplicados nos estudos, ser criados com a idéia de que, quando crescerem, terão de dar conta de se sustentar e que, caso venham a se casar, deverão compartilhar todas as tarefas domésticas, assim como as responsabilidades financeiras e profissionais.

Numa palavra, as diferenças entre ser homem e ser mulher, em termos de papéis sociais, tenderão a diminuir drasticamente. Continuarão a existir homens e mulheres, masculino e feminino. No entanto, isso não implicará dois modos tão distintos de ser e de viver. Assim como a diferença na natureza do desejo sexual não mais definirá quem aborda e quem é abordado, as diferenças anatômicas não definirão papéis sociais e nem quem participará mais ou menos ativamente do espaço público. A educação das nossas crianças encontra-se em processo de mudança, e só não está mais afinada com esse universo "unissex" em virtude dos temores, ainda relevantes e muito intensos na maioria das famílias, acerca da existência de maiores riscos de homossexualidade entre os meninos mais delicados. Ao avançarmos no entendimento das razões que impelem tantos rapazes na direção desse desvio da rota natural, talvez nos livremos mais rapidamente desse importante empecilho[1].

Podemos dizer que o feminismo trouxe como conseqüência o início de um processo que está conduzindo à emancipação masculina! Os homens estão se livrando da carga extra que carregavam por força das normas do machismo. Eles não precisam mais ser "bons de briga" e nem as mulheres, dengosas e delicadinhas. Além disso, os homens não mais serão os principais responsáveis pelo sustento das famílias, ônus que será compartilhado com as mulheres – creio que a troca de metade desse fardo pelo aumento das suas funções domésticas será percebida como muito vantajosa. Não terão de ter um desempenho espetacular em alguma área com o objetivo de impressionar as mulheres e lhes despertar a admiração – condição para serem aceitos sexual e sentimentalmente. Poderão simplesmente ser criaturas que vivem e sentem de modo similar ao delas. Serão amados e bem recebidos sexualmente por serem legais, disponíveis para diálogos francos, dispostos a estar com as mulheres e tratá-las com respeito e consideração.

---

1. Penso que a homossexualidade corresponde a um desvio de rota e não a peculiaridades inatas. Não é uma doença, o que não quer dizer que é um fenômeno natural. Costuma ser um desvio irreversível em virtude de ser uma experiência agradável, do ponto de vista sexual, aos que por aí transitam e, como regra, não lhes determina graves prejuízos; não há, pois, por que desejar reverter o processo. É possível que ocorram importantes mudanças na questão homossexual no dia em que homens e mulheres forem capazes de conviver de forma mais rica e interessante, o que ainda hoje não corresponde aos fatos. Quando isso acontecer, surgirão fortes argumentos a favor da heterossexualidade!

Todas essas previsões podem parecer otimistas demais, fruto da vontade enorme que tenho de poder assistir ao florescimento das relações entre homens e mulheres. O fato é que estou convicto de que são ótimas nossas perspectivas para muito breve. Penso isso de forma realista, e é claro que sinto enorme satisfação ao perceber que, por caminhos tortuosos e aparentemente devidos ao mero acaso, estamos nos aproximando de uma forma de interação afetiva que venho pregando há mais de vinte anos. A verdade é que o maior inimigo das boas relações, amorosas ou de qualquer outro gênero, é a inveja, fruto daninho da admiração. Se as afinidades entre homens e mulheres crescerem, a admiração recíproca tenderá a se encaminhar na direção do amor. Quando as diferenças são o essencial, surgem as comparações, e os que se sentem prejudicados desenvolvem hostilidade e cultivam ressentimentos contra os que são vistos como beneficiados. A inveja recíproca entre homens e mulheres indica que ambos vêem a condição oposta à sua como privilegiada. A inveja determina reações agressivas, e acredito que seja esse o principal ingrediente da dramática associação entre sexo e agressividade.

Se meninos e meninas forem educados de forma bastante semelhante, em igualdade de condições – tanto no campo dos deveres como no dos benefícios –, certamente tenderão a ter menos inveja uns dos outros e a ser mais amigos e respeitosos. Se na adolescência os rapazes não tiverem mais de conviver com as amargas experiências de rejeição erótica, uma vez que estão aprendendo a não se sentir escravos do desejo visual, o que acaba levando as moças a se moverem na direção deles, estarão se livrando de outro importante ingrediente invejoso e hostil. Ora, se estamos, ainda que sem saber, criando as condições para o quase desaparecimento da inveja entre os sexos, estamos criando um mundo novo, no qual homens e mulheres poderão ser, acima de tudo, amigos – amigos se respeitam, ouvem uns aos outros, tratam-se com deferência e igualdade.

Como isso jamais aconteceu em larga escala em uma estrutura social relevante, desconhecemos o efeito dessa mudança sobre outros aspectos do convívio em um grupamento em que um evento desse tipo acontece. Já sabemos que mudanças no hábitat implicam alterações adaptativas nos humanos. Estamos aprendendo que mudanças em alguns aspectos das relações entre humanos provocam impacto equivalente a uma nova alteração no hábitat – sim, porque, para cada um de nós, todas as outras pessoas fazem parte do meio externo; mudanças nos meios físico e social determinam imediata repercussão sobre nós. Penso que já começamos a presenciar um processo seqüencial similar ao que acontece quando cai a primeira peça de uma estrutura de dominós, em que um derruba o outro e assim sucessivamente. Hoje, como tudo é rápido, é possível que, em poucos anos, já tenhamos assistido a enormes transformações. Não sei se podemos prever todos os passos do caminho que estamos iniciando. Sei que se trata de uma rota interessante e produtiva, bem melhor do que a que estamos terminando de percorrer agora.

Apesar de todo o meu otimismo, não subestimo as dificuldades que irão surgir ao longo do tempo. Um dos ingredientes ainda pouco domesticado em nós é o da vaidade, este prazer erótico enorme que sentimos quando somos olhados como criaturas especiais. A vaidade é particularmente desenvolvida em muitas das pessoas mais inteligentes e que buscam desesperadamente atenuar a sensação dolorosa de insignificância que nos é própria com a busca de destaque aos olhos dos que nos cercam. Pessoas muito vaidosas apreciarão viver uma situação na qual sua beleza especial, riqueza descomunal, inteligência extraordinária não receberão as honrarias de que hoje lhes são conferidas? É provável que não! É possível que tentem, a qualquer custo, encontrar uma forma de destaque, de serem parte de uma nova minoria a quem a maioria tenderá a fazer reverências. Minhas previsões são relativas à maioria, às pessoas que costumam apenas ser figurantes nas histórias de vida dos privilegiados. Tais criaturas não estão tão "viciadas" no modo como a vaidade costuma ser exercida e talvez sintam enorme prazer em estar bem com seus pares e consigo mesmas, condição na qual se ocuparão menos de admirar aqueles que são tidos como privilegiados.

De todo modo, um dos pontos nevrálgicos da nossa condição diz respeito à vaidade e à ânsia de destaque de qualquer tipo. A associação entre sexo e agressividade cria condições muito favoráveis para competições em torno de temas os mais diversos, ao passo que sua desvinculação, que deriva da enorme atenuação da inveja entre os sexos, desarma o principal motor das disputas entre homens e mulheres. Poderemos perceber com grande clareza que o caminho que nos conduz a uma boa qualidade de vida, a uma condição que nos aproxima das sensações de bem-estar próprias do que chamamos de felicidade não é o mesmo que alimenta nossa vaidade. Ser importante, rico, famoso e poderoso não tem nada a ver com ser sereno, alegre, erotizado e tolerante com as adversidades da vida cotidiana.

O aumento da capacidade de nos entretermos de modo solitário graças às novas máquinas tem criado as condições para que a maioria de nós aprenda a ficar bem consigo mesma. Temos tido oportunidades crescentes de ficarmos sós e descoberto que existe um lado muito interessante nesse convívio mais intenso com a nossa subjetividade. Temos perdido o medo da solidão – até há pouco tempo tínhamos pavor até mesmo dessa palavra. Estamos ficando mais individualistas, o que significa menos dispostos a relacionamentos nos quais as trocas não sejam equilibradas. Também é verdade que cada vez mais estamos contando menos com os outros. É como se estivéssemos nos apercebendo do óbvio: cada um terá de contar consigo mesmo para a resolução de suas questões básicas, enquanto os outros, em particular os íntimos, existem para que com eles possamos trocar experiências, ter conversas ricas ou divertidas, carícias eróticas ou de ternura, bem como compartilhar passeios e os crescentes períodos de lazer. Os outros não existem para nos salvar, e sim como parceiros para trocas interessantes, principalmente as não-essenciais.

Como necessitamos menos dos outros, diminui nossa disposição para fazer concessões. Temos crescente dificuldade em abandonar nossos pontos de vista e modos de viver apenas porque os outros – mesmo que um "outro" muito especial – assim o desejam. Sem nos apercebermos, estamos nos tornando mais independentes dos valores externos, dos julgamentos que os "outros" irão fazer a nosso respeito. A liberdade que deriva dessa conquista é enorme e vai desde a tranqüilidade com que modificamos nossa imagem externa – como era difícil, no passado, deixar crescer a barba ou, depois de anos, cortá-la! – até o modo como vivenciamos nossa sexualidade.

Estamos, pois, vivenciando um processo coletivo de individuação, de evolução emocional. Uns estão mais lerdos e outros, mais adiantados nessa corrida pela independência e pela maturidade cada vez mais necessária até mesmo para o bom desempenho profissional – nunca as empresas e as pessoas preocuparam-se tanto com questões de psicologia relacionadas com o trabalho; até há pouco tempo, psicologia só interessava para assuntos domésticos. Decrescem as possibilidades de sobrevivência digna para os que são parasitas e dependentes em qualquer setor da vida.

Um novo mundo está surgindo! Em breve, nosso planeta será povoado por criaturas individuais, que viverão de modo muito parecido, sejam do sexo masculino ou do feminino. A sexualidade será exercida de uma forma não-comprometida com a agressividade, podendo ou não se acoplar ao amor; os valores morais tenderão a ser mais claros e respeitados, os valores humanos serão variados, e um número ilimitado de pessoas terão mais orgulho de suas conquistas íntimas do que de suas posses materiais. Um mundo mais democrático e justo que será fruto, ainda que involuntário, do esforço e da determinação de uma espécie que, com todas as suas limitações, vem, há milhares de anos, lutando para dominar o planeta e entender a si mesma.

SOBRE O AUTOR

Flávio Gikovate nasceu em São Paulo, em 1943.
É médico formado pela USP, em 1966.
Foi Assistente Clínico no Institute of Psychiatry na London University, Inglaterra.

Desde o início de sua carreira, dedica-se essencialmente ao trabalho de psicoterapeuta, já tendo atendido mais de sete mil pacientes.

É pioneiro na publicação de trabalhos sobre a sexualidade humana e o tema do amor em nosso meio. Além de ser autor consagrado no Brasil, suas obras são editadas também na Argentina.

É conferencista muito solicitado tanto para as atividades acadêmicas como para as que se destinam ao público em geral.

Participou de inúmeros programas de televisão. Escreve para importantes jornais e revistas do País.

OUTRAS OBRAS DO AUTOR

A arte de viver bem
Ref. 50008

Cigarro: um adeus possível
Ref. 50004

Deixar de ser gordo
Ref. 50012

Em busca da felicidade
Ref. 50014

Ensaios sobre o amor e a solidão
Ref. 50024

O homem, a mulher e o casamento
Ref. 50015

Homem: o sexo frágil?
Ref. 50007

A liberdade possível
Ref. 50026

Sexo e amor
Ref. 50003

Uma nova visão do amor
Ref. 50010

Vício dos vícios
Ref. 50018

Você é feliz?
Ref. 50013

------------ dobre aqui ·------------

ISR 40-2146/83
UP AC CENTRAL
DR/São Paulo

CARTA RESPOSTA
NÃO É NECESSÁRIO SELAR

O selo será pago por

SUMMUS EDITORIAL

05999-999 São Paulo-SP

------------ dobre aqui ------------

CADASTRO PARA MALA-DIRETA

MG EDITORES

Recorte ou reproduza esta ficha de cadastro, envie completamente preenchida por correio ou fax, e receba informações atualizadas sobre nossos livros.

Nome: _____ Empresa: _____
Endereço: ☐ Res. ☐ Coml. _____ Bairro: _____
CEP: _____ - _____ Cidade: _____ Estado: _____ Tel.: ( ) _____
Fax: ( ) _____ E-mail: _____ Data de nascimento: _____
Profissão: _____ Professor? ☐ Sim ☐ Não Disciplina: _____

1. Você compra livros:
☐ Livrarias ☐ Feiras
☐ Telefone ☐ Correios
☐ Internet ☐ Outros. Especificar: _____

2. Onde você comprou este livro? _____

4. Áreas de interesse:
☐ Psicologia ☐ Corpo/Saúde
☐ Comportamento ☐ Alimentação
☐ Educação ☐ Teatro
☐ Outros. Especificar: _____

3. Você busca informações para adquirir livros:
☐ Jornais ☐ Amigos
☐ Revistas ☐ Internet
☐ Professores ☐ Outros. Especificar: _____

5. Nestas áreas, alguma sugestão para novos títulos? _____

6. Gostaria de receber o catálogo da editora? ☐ Sim ☐ Não

Indique um amigo que gostaria de receber a nossa mala-direta

Nome: _____ Empresa: _____
Endereço: ☐ Res. ☐ Coml. _____ Bairro: _____
CEP: _____ - _____ Cidade: _____ Estado: _____ Tel.: ( ) _____
Fax: ( ) _____ E-mail: _____ Data de nascimento: _____
Profissão: _____ Professor? ☐ Sim ☐ Não Disciplina: _____

MG Editores
Rua Itapicuru, 613 Conj. 72 05006-000 São Paulo - SP Brasil Tel.: (11) 3872-3322 Fax: (11) 3872-7476
Internet: http://www.summus.com.br e-mail: summus@summus.com.br

A LIBERTAÇÃO SEXUAL

cole aqui

**impresso na
press grafic
editora e gráfica ltda.**
Rua Barra do Tibagi, 444
Bom Retiro – CEP 01128-000
Tels.: (011) 221-8317 – (011) 221-0140
Fax: (011) 223-9767